Angelika Kaufmann

Benjamins Schatten

Befreiung aus Co-Abhängigkeit und
destruktiven Beziehungen

Eine therapeutische Fabel

Meinen drei Kindern gewidmet.

Inhaltsverzeichnis

Vorwort 9
  Ein Beispiel aus der Praxis 17
Benjamin 22
Teil 1 29
  Sucht und Co-Abhängigkeit 29
  Reflexionsfähigkeit 40
  Rückfall – der Wille allein genügt nicht 44
Teil 2 54
  Der Weg – Über die Erkenntnis zur Freude 54
  Von der Idee in die Wirklichkeit 59
  Neue Wege erkennen wir, wenn wir sie gehen 81
Teil 3 95
  Bewusstwerdung 95
  Wo das ICH zum DU wird 99
  Selbstliebe 116
  Aus dem Vollen schöpfen – überlaufen … 136
Nachwort 143
Danksagung 149
Links im Internet 151
Bibliografie 152

*Wer zu sich selbst finden will,
darf andere nicht nach dem Weg fragen.*
Paul Watzlawick

Vorwort

Seit jeher sind Menschen auf der Suche nach der großen Liebe, dem Sinn des Lebens, nach dem Davor und dem Danach, dem Wofür und nach dem eigenen Selbst oder sie lassen es gleich ganz und leben locker drauf los, im Geist ihrer Zeit. Auf der Suche nach der Fülle des Lebens wägen sie ab, verleihen der einen oder anderen Erkenntnis mehr oder weniger Gewicht, ganz wie sie es für sinnvoll erachten oder es ihnen die Gesellschaft vorgibt. Der Waage ist es egal, sie dient nur dem Abwägen, kennt ihr eigenes Gewicht nicht. Dem Leben ist es egal, welches Gewicht wir ihm verleihen, es ist uns gegeben und wir selbst können es gestalten.

Wenn wir selbst es sind, die dem Leben seinen Sinn geben, warum handeln wir dann oft *ohne Sinn und Verstand,* um es sprichwörtlich zu sagen? Der Verstand, der den von uns gegebenen Sinn erkenntlich machen könnte, verkommt oftmals zum Ignoranten, indem er eigene Weisheiten fremdbestimmt gewichten lässt, statt sie in die Waagschale des eigenen Lebens zu legen. Die allermeisten Menschen lassen sich Ziele stecken, die nicht ihre eigenen sind und wundern sich später, warum sie blockieren oder gar krank werden; sie verstehen zu spät, dass sie die Fremdgewichtung der eigenen Werte selbst verursacht oder zugelassen haben. In einer Leistungsgesellschaft, in der wir so fleißig, so lieb, so anständig, so funktionstüchtig und angepasst, aber so selten wir selbst sind, essen wir uns hungrig, lieben wir uns sehnsüchtig, leben wir uns leer. Wir geben viel, aber zu selten aus *vollem* Herzen. Wir meinen es gut und fühlen uns selbst immer schlechter. Die zahlreichen Propagandabilder unserer Leistungsgesellschaft verzerren so leicht eigene innere Ansichten.

Wenn ich mein eigenes Leben betrachte, kann ich sagen, dass so manche Ziele, die ich entschlossen verfolgt habe, mir viel Energie geraubt haben, weil ich ihnen zu viel Gewicht verliehen hatte. Hingegen habe ich viele Möglichkeiten, Chancen, Begegnungen ignoriert, die mich deutlich hätten spüren lassen können, dass sie meinem Leben einen tiefen Sinn geben, wenn ich abgesteckte Ziele nicht als ein Konkretum betrachtet und wahre Begegnungen nicht als Märchen empfunden hätte, weil sie mir zu fantastisch erschienen.

Ziele, die ursprünglich nicht unsere eigenen sind, sondern die wir von anderen haben abstecken lassen, weil sie uns vermeintliche Sicherheit oder gar Anerkennung suggerierten, nehmen häufig den eigenen Fähigkeiten ihre Energie. Das eigene Leben als sinnvoll zu erfahren, setzt die Fähigkeit voraus, einen realistischen Traum zu haben und den brennenden Wunsch diesen zu verwirklichen. So können wir uns in dem Bild, das wir uns von unserem Leben gemacht haben, wiedererkennen, wenn es irgendwann einmal zu Ende geht, auch wenn die Gesellschaft Farbkleckse darauf hinterlassen hat, die wir nicht gewollt haben.

In unser aller Leben gibt es die sogenannten *guten Fügungen,* die oftmals ignoriert werden, weil sie nicht in vorgefertigte Bilder passen. So sind es häufig Schicksalsschläge, die einen Richtungswechsel erzwingen, weil sie uns mit ihren Ohrfeigen aus unserer Ohnmacht zurück zu uns selbst holen, wenn wir nicht rechtzeitig von alleine aufgewacht sind. Ohrfeigen, die uns bewusst machen, dass unsere wesentliche Erfüllung aus Liebe besteht, dass uns nichts und niemand satt machen kann, wenn sie uns verloren gegangen ist und dass wir es selbst sind, die dafür sorgen müssen, unsere Liebe zu nähren, damit wir nicht am Leben zerbrechen.

Das heutige *Fastfood*-Leben jedoch macht, durch das *auf die Schnelle zwischendurch Konsumieren,* hungrig und Selbstbedienung fördert die Tendenz zur Einsamkeit. Hunger, Existenzangst und Einsamkeit besitzen ein hohes Suchtpotential. Losgelöst von bürgerlich, patriarchalen Konventionen füllt die Fastfood-Idee eine Gesellschaftsnische, die den Glauben spiegelt, Freiheit kaufen zu können. Doch diese Freiheit, die nicht das Loslassen von Zwängen bewirkt, erinnert an Begriffe wie Spaß-und Wegwerfgesellschaft, Konsum- oder sogar Verschwendungsgesellschaft. Wie viele One-Night-Stands können wir haben, bis wir spüren, dass wir einsam sind? Wie viele DVDs, bis uns Freunde fehlen und wie viele Drinks, bis wir uns selbst so lieben, dass wir ohne Angst, Selbstmitleid und Schuldgefühle eigenverantwortlich dort Hand anlegen, wo wir unsere Träume begraben haben, um das Leben zu leben, das uns lebendig sein lässt?

Viele Menschen sind auf der Suche nach Nähe, die satt machen soll und verlieren sich dabei in unzähligen Ersatzbefriedigungen, die immer einsamer und hungriger machen. Jeder von uns besitzt die immense Kreativität seiner Schöpferkraft, durch die er sein Büffet des Lebens erstellt, wenn sie nicht einer Abhängigkeit zum Opfer gefallen ist, die im gesellschaftlichen Fastfoodrausch ihresgleichen gefunden hat.

Wir leben in einer Gesellschaft, in der Zwischenmenschlichkeit in die Verdinglichung abzurutschen droht. Durch die kontinuierliche Stimulation zum unkontrollierten Konsumieren, findet eine Ansprache der niederen Instinkte[1] statt, die den Verstand auf eine Alibifunktion zu reduzieren droht. So züchten wir bewusst oder unbewusst suchtkranke Menschen, deren Angehörige wir sind.

Niemand von uns sollte glauben, dass er vor Sucht gefeit ist. Sucht[2] hat viele Gesichter, unterschiedliche Hintergründe und fürchtet sich am meisten davor, ihr Gesicht zu verlieren, bis sie auch das in Kauf nimmt.

---

[1] Über Schlüsselreize Bedürfnisse wecken, die jeglichen Verstand entbehren.
[2] Sucht ist eine Krankheit, die durch krankhaftes Verlangen gekennzeichnet ist.
Wir können Sucht – in vier Schritten – grob kennzeichnen:
    1. Täglich daran denken
    2. Das Verlangen nimmt zu / Konsumsteigerung / Kontrollverlust
    3. Wirkungsverlust / Lügen, Ausreden – heimliches Konsumieren / Abstinenzunfähigkeit
    4. Entzugserscheinungen / Delirium

Egal, ob wir putz- oder arbeitssüchtig, ess- oder eifersüchtig, rachsüchtig, nikotin- oder internetsüchtig, sexsüchtig, geltungssüchtig, kontrollsüchtig, spiel- oder medikamentensüchtig, heroin- oder alkoholsüchtig sind, um nur Einige zu nennen – Sucht ist immer dann im Spiel, wenn wir durch sie bestimmt werden oder anders formuliert, wenn wir durch sie unsere wahren Bedürfnisse ersetzen oder zu vergessen suchen. Das Verlangen nach Befriedigung, dem Flash, dem Kick oder Ablenkung, macht immer unruhiger, je länger ein Mensch ihm erliegt.

Ich selbst habe, während meiner Tätigkeit in der Suchtberatung und in den vielen Jahren davor und danach, durch Seminare, Vorträge, Schulungen oder in Beratungsgesprächen Erfahrungen mit suchtkranken Menschen machen dürfen. Im Zuge dessen habe ich sehr oft beobachten können, wie leidensfähig und oft auch -willig Angehörige von suchtkranken Menschen sind und wie grausam beide in einer Sucht gefangen sind, in der sie sich gegenseitig zu ergänzen scheinen. Während jedoch die Betroffenen von zahlreichen Stellen Hilfe in Anspruch nehmen können, stehen Angehörige oft hilflos daneben und opfern ihre Liebe einer Scham, die gesellschaftliche und persönliche Konsequenzen fürchtet.

Es ist schon viel über Sucht geschrieben, gefilmt und gesprochen worden. Zahlreiche Ärzte, Pädagogen, Psychologen wirken aufklärend und helfend. Wir wissen alle um das Leid der Menschen, denen wir zu helfen bereit sind und doch nimmt die Zahl der Erkrankten und damit auch die der Mitbetroffenen weiterhin zu.

Doch Sucht und Angehörigkeit kann auch als Chance gesehen werden, wenn erkannt wird, dass authentische Gefühle durch zweckorientierte Bewertungen so gesteuert wurden, dass die Wahrnehmung des eigenen Selbstwertes verloren gegangen ist. Gefühle der Wertlosigkeit vernebeln oftmals die Freude an einem eigenverantwortlichen Leben und machen geneigt, sie zu überspielen, zu verdrängen oder sie zu betäuben. Dass die Wirkung vorübergehend ist, erklärt sich von selbst. Oft haben mir trockene Alkoholiker gesagt: „Ich bin froh, dass ich alkoholkrank geworden bin, denn dadurch ist mir klar geworden, dass ich Hilfe brauche. Niemals hätte ich so viel über mich selbst gelernt und über die Bedingungen, die mich krank gemacht haben. Ich hätte niemals verstanden, wie viel Leid ich mir und den Menschen gebracht habe, die ich eigentlich liebe."

Anfangs haben mich solche Erklärungen erstaunt, dann habe ich sie verstanden. Heute berühren sie mich zutiefst. Angehörige sollten viel über diese Krankheit lernen, damit sie eigene Anteile erkennen können und sich geläutert zu verhalten wagen.

Die folgende Märchen-Geschichte, die sich auf wissenschaftliche Erkenntnisse über Sucht und Abhängigkeiten stützt, verdeutlicht, dass Bedingungsfaktoren und Prägungen durch Familie und Gesellschaft, plus Bewusstwerdung und Deutung eigener Erfahrungen und Gefühle, Wegbereiter sind, die uns in die Sucht, in die Abhängigkeit, die Angehörigkeit oder in die Freiheit führen können.

Falls Sie zu den Menschen gehören, die bei dem Wort Märchen oder Fabel an Ihre Kindheit denken, wird Sie der Begriff *Märchen-Geschichte,* im Zusammenhang mit Sucht und Angehörigkeit, irritieren.

Dieses Buch spürt mit dem Mittel eines Märchens die Geschichte vieler Menschen auf, die sich schicksalhaften Situationen fügen, in denen sie sich zu verlieren drohen. Es spürt unbewusste Beweggründe und die daraus resultierenden Glaubenssätze auf, die der Bereitschaft dienen, sich fremdbestimmen zu lassen. So werden die inneren Stimmen zutage gefördert, die sich durch zahlreiche Verletzungen zurückgezogen haben.

Zwischen Suchtkranken und ihren Angehörigen entwickeln sich häufig Interaktionen, deren Dynamik aus der Entladung aufgestauter Gefühle entsteht. Ursache und Wirkung können auf dieser Grundlage schwer einen gemeinsamen Nenner ohne Schuldzuweisungen finden, der die erlösende Antwort erkennbar und eigenverantwortliches Handeln möglich machen könnte.

Märchen haben die Gabe, Abstand von Wahrheiten zu schaffen, die aus der Distanz leichter erkennbar sind. Sucht, Angehörig- und Abhängigkeit sowie das Hinnehmen von Selbstverlust sind ein böses Märchen und haben nichts mit Nähe zu tun, auch nicht mit der Nähe zu sich selbst. Abhängig von einem Suchtmittel, von einem suchtkranken Menschen oder von eigenen

Selbstzweifeln zu werden, bedeutet immer, fern von sich selbst zu sein.

Es gibt kein allgemeingültiges Rezept gegen die Sucht. Sucht ist *nur* der Unverstand des Lebens, den wir erkennen, wenn wir uns selbst wieder spüren und die Intelligenz unserer Gefühle zu verstehen bereit sind.

Ich habe kein Rezept für alle Fälle, das Sie nur zu kopieren brauchen; keine Lehre, die Sie deckungsgleich übertragen können. Doch ich kann Ihnen etwas zeigen. Ich zeige Ihnen eine Wirklichkeit, die vielen abhandengekommen ist und die jeder für sich definieren wird. Mit dem Mittel des Märchens nehme ich den, der mir zuhört, an die Hand, um ihm einen Weg zu zeigen, auf dem er sich selbst begegnen kann.

Viele Selbsthilfegruppen arbeiten seit Jahren erfolgreich mit dem *Esel Benjamin;* das Märchen, das ich 2004 ursprünglich als Reader für die Gruppenarbeit geschrieben hatte. Das vorliegende Buch ist umfangreicher und spricht, neben Angehörigen, auch all jene Menschen an, die sich in irgendeiner Form abhängig gemacht haben und diesem Zustand entwachsen möchten.

„Wer sich zum Esel macht, schleppt die Säcke", sagte mein Vater zu mir, wenn ich mich als Kind hatte ausnutzen lassen, weil ich meinen eigenen Wert nicht genügend geschätzt hatte. Er ist seit über vierzig Jahren tot, doch dieser Spruch kommt mir noch heute in den Sinn, wenn mir Menschen erzählen, wie fremdbestimmt sie leben oder, um es genauer zu sagen, wie fremdbestimmt sie sich leben lassen. So lasse ich Sie nun an dem teilhaben, was Menschen in mir auslösen, wenn ich ihnen zuhöre.

Die folgende Märchen-Geschichte ist in drei Teile gegliedert.

Im ersten Teil werden Ursache und Wirkung von Selbstverlust und Sucht erkennbar. Der zweite Teil schildert Erfahrungen, die über neue Wege die Wahrnehmung von Liebe, Freude, Eigenverantwortung und Selbstständigkeit bewirken, die dann im dritten Teil zu der Bewusstwerdung führt, dass wir in manchen Lebenssituationen aus unterschiedlichen Gründen eine Rolle spielen; manchmal auch die eines Esels.

Dann kommt es darauf an, nicht einfach jene Rolle zu übernehmen, die die Gesellschaft einem Esel zugedacht hat, sondern die Stärken und Fähigkeiten des Esels auf dem Weg zur Persönlichkeitsentwicklung zu nutzen.

Welchen Weg wir auch immer gehen mögen; wir sollten ihn bewusst gehen!

Ein Beispiel aus der Praxis

Vor ungefähr zwölf Jahren, es war die Zeit in der ich in der Suchtberatung tätig war, suchte mich ein älteres Paar in der Beratungsstelle auf.

Frau S. hatte ihren Lebenspartner dazu überreden können, sich professionelle Hilfe zu holen. – Da saßen sie nun!

Meine Erfahrung ließ mich in dem Gesicht dieser Frau lesen: Bitte vollbringen Sie ein Wunder, es war so viel Arbeit, ihn hierhin zu bekommen. Ich kann nicht mehr!

So begann ich das Gespräch, indem ich Herrn F. fragte: „Was treibt Sie zu mir?"

Die Antwort überraschte mich nicht: „Meine Lebenspartnerin!"

Nein, es war wirklich nicht die Antwort, die mich überraschte; es waren seine Augen. Mit einem leuchtenden Funkeln im Blick erzählte er mir fröhlich von seinem gestrigen Streifzug, so als ob er mich dafür begeistern wolle. Mit einem spitzbübischen Lachen erzählte er, wie betrunken er doch gewesen sei, als er gestern über den fünfzig Zentimeter hohen Zaun seines Vorgartens in die Dornenhecke fiel und wie griesgrämig seine Lebensgefährtin ihn empfangen habe.

„Ich bin nun 71 Jahre, warum soll ich mir nicht mal kräftig einen hinter die Binde kippen?", fügte er hinzu.

Ein hilfloser Blick streifte mich von links. Es war der Blick von Frau S., in deren Augen nun Tränen standen, während sich ihr Partner immer fröhlicher darzustellen bemüht war, so als ob er um seine Würde kämpfen müsse.

Während ich darauf gefasst war, dass er mich nun zu seinem nächsten Streifzug einladen würde, fragte ich ihn vorsichtig, ob er sich vorstellen könne, warum seine Partnerin gerade mit den Tränen kämpfte. Nun begann Frau S. tüchtig zu zittern. Sie wurde jedoch ruhiger als sie bemerkte, dass Herr F. sich auf ein Gespräch mit mir einließ.

Nachdem er sich eingestanden hatte, fünf Mal pro Woche betrunken zu sein, während er mir seine häuslichen Gegebenheiten schilderte, reagierte er betroffen und sichtlich gerührt, als ich ihm die Frage stellte:

„Was schlucken Sie herunter und für wen spielen Sie den Clown? Wer soll darüber lachen, wenn Sie über einen Zaun in Dornenhecken stürzen? Wie unverwundbar wollen Sie denn noch sein?" Nun war es Herr F., der zu zittern begann. Seine Augen hatten das Funkeln verloren, doch dafür blickte er mich nun warm und offen an.

Wie viel Leid tun wir uns an, bis wir erkennen, dass wir die Liebe suchen?

Diese Frage war es, die mir in den Sinn kam, als sich die Beiden von mir verabschiedeten.

> *Ich liebe dich nicht, weil ich dich brauche.*
> *Ich brauche dich, weil ich dich liebe.*
> *Erich Fromm*

Witze über die Sucht gibt es zuhauf, doch wer lacht darüber?

Der Süchtige, der Angehörige oder Mitbetroffene? Worüber lachen Menschen, wenn sie über das Suchtverhalten lachen? Lachen sie über eine legitimierte Abhängigkeit, so wie sie über menschliche Schwächen lachen, über ihre Schwächen? Wie fühlt sich ein Mitbetroffener, wenn über den Betroffenen gelacht wird oder er selbst seine Sucht ins Lächerliche zieht?

In unserer Gesellschaft ist es eher die Regel als die Ausnahme, dass Erwachsene Alkohol trinken. So wird es nicht selten zu einer Gewohnheit, regelmäßig Alkohol zu sich zu nehmen, was unbemerkt Missbrauchcharakter[3] annehmen kann. Der Schritt vom Missbrauch in die Sucht ist manchmal nur ein kleiner und geht nicht selten schleichend, mit dem veränderten Verhalten des Betroffenen, einher. Dieses „Sich-Einschleichen" macht es den Angehörigen nicht unbedingt leicht, das Suchtverhalten des Betroffenen rechtzeitig zu erkennen.

So schleichen sich im täglichen Miteinander häufig „sich ergänzende Verhaltensstrukturen" ein, die weder von Seiten des Betroffenen noch von Seiten des oder der Angehörigen eines suchtkranken Menschen unmittelbar bemerkt werden und somit einen Angehörigen zu einem Mitbetroffenen oder Co-Abhängigen machen können.

Um verstehen zu können, was mit Ihrer Liebe geschieht, wenn Sie in der Sucht „mitgefangen" sind oder sich vielleicht sogar schuldig fühlen, sollten Sie sich besinnen. Denn: Liebe ist niemals zweckorientiert!

---

[3] Alkohol wird als Ersatz oder als Gefühlsverstärker eingesetzt.

Ich denke, wir alle sollten ab und zu einmal inne halten und den leisen Worten unserer Liebe lauschen, denn oftmals wiederholt sie ihre Worte nicht. Liebe kann uns mögliche Wege zeigen, Wege, die wie ein Märchen anmuten. Ein Märchen, das man nie mehr vergessen kann, weil man ganz tief in sich spürt, dass es gar kein Märchen ist. Plötzlich weiß man, dass die Geschichten der Menschen, die nicht mehr an Märchen glauben, die eigentlichen Märchen sind.

Es gibt dreierlei Arten von Märchen:
gute, böse und Ihre!
Gute Märchen erschaffen Zuversicht,
böse Destruktivität;
Ihre erschaffen Sie.

Benjamin

Es geschah an einem sonnigen Frühlingsmorgen. Er hatte beschlossen, sich auf die Suche zu machen. Ging los, um zu suchen, was er nicht kannte oder was er vielleicht nur vergessen oder verloren hatte. Er war auf der Suche nach etwas, das in ihm mit stummen Worten rief.

Seine Eltern waren auf dem Markt verkauft worden, bevor sie ihm zeigen konnten, wie einfach und unkompliziert das wahre Leben eines Esels ist. Er wollte bei ihnen bleiben, doch man hatte ihn fortgeschickt, weil er noch zu klein zum Arbeiten gewesen war. Er war ein übrig gebliebener Esel und er fühlte sich auch so.

Sein Name war Benjamin.

Benjamin war ein kleiner Esel mit sandbraunem Fell, mit wunderschönen großen klaren Augen, mit strammen Ohren und gut gewachsenen geraden Beinen; er war ein außergewöhnlich schöner Esel. Alle Menschen, die ihn ansahen, riefen entzückt aus: „Oh, was für ein wunderschöner Esel und was für ein kuscheliges Fell er doch hat!" Was die Menschen, die vorübergingen jedoch nicht sehen konnten, sondern nur jene wussten, die Benjamin besser kannten, war, dass er nicht nur der schönste Esel weit und breit, sondern auch der liebesbedürftigste war. Übrig gebliebene Esel sind oft außergewöhnlich liebesbedürftig, weil sie das Alleinsein besser kennen als das Lieb-Gehabt-Werden und ihnen das Lieb-Gehabt-Werden so sehr fehlt, dass sie bedürftig werden.

Benjamin war sehr bedürftig! Er hatte keine Eltern mehr, die ihm Geborgenheit, Liebe und Sicherheit hätten geben können. Keine Geschwister, die mit ihm rauften, ihn doch beschützten und zu ihm standen, wenn Gefahr drohte. Kein Haus, das ihm Schutz und Wärme bot, und keine Futterkrippe, die seinen Bauch füllte; ja er hatte überhaupt nichts, das ihm gehörte. Doch Benjamin besaß etwas, aus dem er mehr machen konnte! Er besaß das Wissen um etwas Unzerstörbares und Bleibendes, das die Sehnsucht nach seinen Eltern ihm tief ins Herz gesenkt hatte. Seine Ausdauer, diese Eselsgeduld und der Glaube, dass alles gut wird, basierten auf diesem Besitz. Doch damit nicht genug! Er war nicht nur der schönste, der liebesbedürftigste und der geduldigste Esel weit und breit, nein, Benjamin konnte zudem auch denken. Er wusste, dass er ein Esel ist; was Menschen im Allgemeinen von Eseln nicht erwarten. Sie erwarten es wohl deswegen nicht, weil sie von sich ausgehen.

Menschen sind gezwungen zu denken, sie können gar nicht anders. Benjamin war nicht gezwungen, er dachte nur manchmal – hatte dann Eselgedanken. Die besten Gedanken kamen ihm, wenn er zuvor lange wunderbar, völlig tatenlos und unaufmerksam vor sich hin gestarrt, geträumt, gedöst hatte.

Er fand es viel schöner zu dösen als zu denken.

Ach, Benjamin döste so gerne.

Oh – mit welcher Wonne hatte er gedöst, wenn er vor lauter Lebensfreude so viele Bocksprünge gemacht hatte und davon so müde geworden war. Eine schöne Zeit war das gewesen, damals als seine Eltern noch bei ihm waren.

Nun wollte Benjamin nicht länger ein übrig gebliebener Esel sein; er sehnte sich nach jemandem, der ihn das Verlassensein vergessen ließ. Unbeschwert wollte er wieder die Lust aufs Leben in sich spüren können und übermütig sein, so wie Kinder es sind, die sich behütet wissen. Wollte so gerne als Fohlen bei seinen Eltern sein. Ach, was für eine tiefe Sehnsucht das doch war!

Benjamin war für sein Alter ein kleiner Esel, doch er konnte so großartig empfinden, wie er es bei Menschenkindern schon oft beobachtet hatte. Er war fröhlich oder er war traurig, beides war er immer ganz, das machte ihn reich. Benjamin war so reich, dass er keine Angst vor dem Morgen hatte. Er war so reich, dass er sich ein einfaches Leben leisten konnte. Das Ärgerliche an seinem Reichtum war nur, dass ihn niemand mit ihm teilte, sodass er im Grunde gar nicht wusste, wie reich er war. Er wusste nur, dass er sein Leben mit jemandem teilen wollte – das war alles. Aber das war viel, sehr viel – so empfand es Benjamin jedenfalls – und er empfand es jeden Tag ein bisschen mehr.

Er wollte lieben, als ob er niemals verletzt worden wäre. Wollte alles Böse vergessen, wenn er lieb gehabt wurde; wusste, dass Liebe das Größte von Allem ist und dass nur die Angst, sich durch sie zu verlieren, verloren macht. Liebe durch Angst verlieren, das wollte er auf gar keinen Fall. Dieses Wissen hatte er von seinen Eltern, es war eine alte Eselweisheit. Er wollte diese Weisheit in Ehren halten, sie in sich bewahren; gerade weil es das Einzige war, was ihm noch von ihnen geblieben war. Benjamin war ein kluger Esel.

Er wollte es den Menschen, die nur glauben, was sie sehen oder was man beweisen kann, nicht gleich tun; den Menschen, die Liebe für Dummheit halten und glauben, dass Esel dumm sind. Er bemerkte nicht, dass seine Sehnsucht ihn unbewusst steuerte. So ließ er die Kinder geduldig auf seinem Rücken reiten und rannte mit ihnen um die Wette, wenn sie es wollten. Ließ sich als Zirkuspferd verkleiden; ja, er schleckte ihnen sogar die Beine ab, wenn sie einmal hingefallen waren. Und wenn sie sich dann, nach all dem Spielen, ausruhen wollten, legte Benjamin sich hin und ließ sich von ihnen als Kopfkissen benutzen. Es war also ganz natürlich und nachvollziehbar, dass Kinder ihn so gerne hatten. Benjamin liebte die Menschen, die ihn sein Alleinsein vergessen ließen, obwohl sie es gewesen waren, die, an einem sonnigen Tag, seine Familie verkauft hatten. Doch er liebte nicht nur die Menschen, nein – er liebte die ganze Welt, sobald nur ein Mensch lieb zu ihm war. Er gehörte niemandem, gehörte nur sich selbst, aber er wollte so gerne jemandem gehören. Er kannte noch nicht die Folgen, die durch Abhängigkeit entstehen, wusste nur, dass mangelnde Geborgenheit einen kleinen Esel unfrei macht.

Voller Sehnsucht nach seinen Eltern, erinnerte er sich so gerne an die Worte seiner Mutter, die er immer wieder hörte, wenn er sich einsam fühlte. Sie hatte sie zum Abschied gesagt, als sie an einem Strick fortgeführt worden war. Manchmal, wenn Benjamin irgendwo alleine in einer verlassenen Scheune oder sonst wo ein ruhiges Schlafplätzchen gefunden hatte, wenn er sich so ganz verlassen fühlte, hörte er ihre Worte besonders deutlich, so deutlich, als wäre sie noch immer bei ihm: „Benjamin, denke immer daran, dass Esel Märchen wahr werden lassen können, wenn sie mutig genug sind, ihre eigenen Wege zu gehen, fest an ihr Ziel glauben, aus Fehlern lernen und ihrem eigenen Können und dem vertrauen, was das Herz ihnen sagt. Aber achte darauf, wer wirklich gut zu dir ist. Lasse die Märchen wahr werden, in denen du dich erkennst und nicht die Märchen der Menschen, die Esel für dumm halten. Menschen, die ihre Gefühle verdrängen, verwechseln sie leicht mit Dummheit. Hüte dich vor ihnen! Deinen Weg kannst du erkennen, wenn die Kraft in dir wächst und dein Ziel dich ruhig und freudig macht." Das hatte sie ihm gerade noch sagen können, dann war sie auf einen LKW geschoben worden. Bevor die Klappe sich ganz geschlossen hatte, sah er noch durch einen offenen Spalt ihren liebenden Blick. „Glaub an unser Märchen, Benjamin!", hatte es noch von dem Wagen gehallt. Doch als die Klappe geschlossen wurde, war ihm das Märchen verloren gegangen.

Warum nur hatten seine Eltern sich so widerstandslos verladen lassen? Warum hatten sie nicht aufbegehrt, als man sie getrennt hatte? Benjamins Trennungsschmerz saß so tief, so hoch, so breit, dass er durch ihn bestimmt wurde. Er war verlassen worden, fühlte sich völlig unbedeutend, vergaß, wie liebenswert er war, wollte alles tun, um geliebt zu werden!

‚Glaub an unser Märchen, Benjamin', hallte es in seinem Herzen zurück, immer wenn er an sie dachte. Ja, das hatte ihm seine Mutter gesagt, das trug er in sich wie ein Gebet. Stundenlang hatten diese Worte in Benjamin nachgeklungen, tagelang hatte Benjamin vor sich hin gedöst, bevor er sich ganz alleine auf den Weg gemacht hatte, um sein Märchen zu suchen.

Er wusste nicht, wie weit er gegangen war, nicht, wie lange es gedauert hatte, bis er eine alte verlassene Scheune gefunden hatte, in der er ungestört schlafen konnte und in deren Nähe Kinder wohnten. Auch lebten dort noch andere Esel, mit denen er auf einer großen Weide, die einem Bauern gehörte, ausgelassen spielen und von denen er das ein oder andere lernen konnte. Diese Spielkameraden waren Esel, die von dem Bauern gekauft worden waren, weil seine Kinder etwas Lebendiges zum Spielen haben sollten. Benjamin hatte sich einfach zu ihnen gesellt, damit er nicht länger ein Übriggebliebener war, er wollte dazu gehören; zu ihnen gehören. So hatte es sich scheinbar wie von selbst ergeben, dass er mit ihnen spielte, ohne jemandem erklären zu müssen, woher er gekommen war. Den ganzen Tag verbrachte er mit den anderen Eseln, doch am meisten freute er sich, wenn die Kinder mit ihm spielten. Eigentlich war es gar nicht das Spielen, das Benjamin so sehr mochte. Wenn er ganz ehrlich zu sich selbst war, mochte er die Kinder so gerne, weil sie ihn mit ihren kleinen Händen so zärtlich hinter den Ohren kraulen konnten. Und wenn er noch ehrlicher zu sich selbst war, dann liebte er das Kraulen ihrer kleinen Hände so sehr, weil es ihn an das Maul seiner Mutter erinnerte, mit dem sie ihn oft so zärtlich liebkost hatte. ‚Meine Güte, war das schön gewesen. Wie schön ist es doch, solche Erinnerungen zu haben, wie schmerzhaft, alles verloren zu wissen', dachte dann der kleine Benjamin. So ließ er für die zahlreichen kurzen Augenblicke, in denen er diese Zärtlichkeiten genießen konnte, die ihn so sehr an selige Zeiten erinnerten, vieles mit sich anstellen, das er in Wahrheit gar nicht so gerne mochte. Abends, wenn die Kinder ins Haus gingen und die Esel in ihren Stall geführt wurden, zog Benjamin sich in seine alte Scheune zurück, legte sich auf ein paar ausrangierte, muffig riechende Mehlsäcke schlafen und träumte von dem Tag, an dem er vielleicht auch jemandem gehören würde, so wie die Anderen.

Ein schönes Leben wäre das!

> *Zufall ist ein Wort ohne Sinn.*
> *Nichts kann ohne Ursache existieren.*
> Voltaire

Teil 1

Sucht und Co-Abhängigkeit

Doch was macht ein kleiner brauner Esel, für den niemand sorgt; der nicht gelernt hat, wie er für sich selbst sorgen kann, wenn der Magen so laut knurrt, dass man meinen könnte, er habe einen brüllenden Löwen verschluckt? Diese Frage ging ihm durch den Sinn, als der Bauer eines Abends lautlos in die Scheune getreten war und ihm eine dicke rote Rübe vor die Nase hielt. Oh, wie hat er sich gefreut.

„Ein Bauer, der weiß, dass ich Hunger habe", stieß es lauthals aus ihm hervor.

„Was schreist du denn so herum?!", hatte der Bauer ihn geschimpft. „Es muss doch nicht die halbe Welt erfahren, dass ich bei dir schlafen möchte."

‚Er will bei mir schlafen?', fragte sich der kleine Esel. ‚Er will bei mir schlafen!', freute er sich dann. ‚Ja, das kann er doch', dachte sich Benjamin und so legte er sich zu einem Kopfkissen, wie er es schon so oft für die Kinder getan hatte und schlief mit dem Bauern gemeinsam ein. Das war schön! Am nächsten Morgen kraulte ihn der Bauer in aller Frühe ganz behutsam, bevor er die alte Scheune verließ. Nach wenigen Minuten kam er mit einem prächtigen Frühstück zurück. Benjamin glaubte, seinen Augen nicht trauen zu können. Da lagen im Dunkel der alten Scheune leuchtende Maiskolben, saftige Möhren, dicke gekochte Kartoffeln und zwei duftende, frisch gepflückte Äpfel. Oh, mit wie viel Freude begann Benjamin sich nun satt zu essen. Es war eine Freude ganz besonderer Art, denn er fühlte sich nicht nur wie im Schlaraffenland, nein, er glaubte sich auch nicht mehr einsam, nicht so entsetzlich übriggeblieben. Während er die dritte oder vierte Möhre verspeiste, wurden ihm sanft die Ohren gekrault, die Beine massiert, der Bauch gestreichelt; Benjamin konnte gar nicht glauben, was er da erlebte.

Nach so einem Frühstück konnte er auch noch viel besser und ausgelassener mit den Kindern spielen. Außerdem glänzte sein braunes Fell jetzt noch schöner und seine Ohren standen so stramm wie lange nicht mehr.

Zwei Tage und Nächte waren vergangen, als am frühen Morgen, die Sonne war gerade aufgegangen, die Kinder mit der Bäuerin davonfuhren. Benjamin hätte dem keine besondere Beachtung geschenkt, denn sie waren schon des Öfteren mit dem Auto vom Hof gefahren, merkwürdig aber war, dass die Esel so entsetzlich schrien. Benjamin musste mit ansehen, wie die Esel nacheinander an einem Strick auf einen Anhänger gezogen wurden, während sie ohrenbetäubend brüllten. Benjamin fühlte sich in die Vergangenheit zurückversetzt. Nur, dass seine Eltern nicht geschrien, sondern zu ihm gesprochen hatten, als sie verladen worden waren, aber das machte das Ganze eher noch schlimmer. Den Bauern erschreckten die Geschehnisse nicht, sie schienen ihm gleichgültig zu sein. Aber vielleicht schien es auch nur so.

‚Die werden vielleicht woanders spielen', dachte Benjamin bei sich, ‚denen ist diese Weide hier vielleicht zu abgegrast. Oder sie fahren in den Urlaub, Menschen machen ja so etwas', das wusste er. ‚Aber die Esel, was war mit ihnen und warum ist der Bauer nicht mitgefahren?' Die Esel hatten gebrüllt, furchtbar gebrüllt; sie hatten sich steif gemacht, wollten nicht auf den Anhänger gezogen werden. Was war geschehen? Über Nacht war es dann ruhig auf dem Bauernhof geworden, völlig ruhig, ungemütlich ruhig. Keine Kinder, keine Esel – nichts; alles war wie ausgestorben. Sogar der Hahn und die Hühner waren nicht mehr da. Benjamin lief an manchen Tagen den Weg entlang bis zur nahen Landstraße, lief auch die Nachbarweiden ab, rief nach den Eseln, rief nach den Kindern, doch niemals kam eine Antwort zurück.

Stille! Wohin er auch sah, wohin er auch ging. Es war jene Art von Stille, die im Magen zieht, die von Verlassenheit erzählt. Er kannte dieses Gefühl gut und es tat ungemein weh. Irgendetwas stimmte hier nicht, das wusste Benjamin. Aber was? Er fühlte sich völlig hilflos!

Hilflosigkeit dauert seine Zeit! Benjamin ließ sie verstreichen, bis ihn der Bauer eines Abends fragte: „Sag mal, Benjamin, was hältst du davon, wenn du mit mir in meinem großen Bauernhaus lebst?"

Benjamin wusste nicht, was er davon halten sollte, denn er hatte ja noch niemals in einem Bauernhaus gelebt.

Wir alle wissen, dass das Leben nicht immer nur in eine Richtung verläuft und auch Benjamin hatte das schon als kleiner Esel erfahren. Sollte das hier nun ein Richtungswechsel sein, der vielleicht sein Leben wieder in bessere Bahnen lenken würde? Das Ende der Einsamkeit vielleicht?

Meine Güte, wäre das schön!

Vom Vater hatte Benjamin einmal gesagt bekommen, dass es drei Möglichkeiten gibt, die ein Esel kennen muss: „Du entscheidest dich für etwas, gegen etwas oder du wartest, bis von anderer Stelle für dich entschieden wird. Die dritte Möglichkeit ist eines Esels nicht würdig!" Die Erinnerung an seinen Vater tauchte unseren kleinen Benjamin in eine mehlsackschwere Traurigkeit. Er konnte deutlich seinen verloren gegangenen Tatendrang spüren, wenn er an seinen Vater dachte. Er wusste, dass seine Eltern die dritte Möglichkeit erfahren hatten, als sie an einem Strick fortgeführt wurden und dass er übrig geblieben war, ohne dass er sich dagegen hätte entscheiden können. Plötzlich spürte Benjamin, trotz seines jungen Lebens, die ganze Tragweite der freien Entscheidung und empfand sie als ein großes Geschenk.

Esel sind in der Regel stolz darauf, dass sie ihren eigenen Willen haben. Doch unter widrigen Umständen können auch sie vergessen, dass sie ein Esel sind.

So geschah es, dass der Bauer mit ihm über die große Weide ging, hinüber zu seinem prächtigen Bauernhof, in dem Benjamin etwas unbeholfen umher stolperte. Als der Bauer ihn gebeten hatte, mit ihm in seinem Schlafzimmer zu schlafen, weil er das Alleinsein nicht ertragen könne, konnte Benjamin das sehr gut verstehen. ‚Auch ein Übriggebliebener', dachte er.

Dann quälte er sich eine steile Holztreppe hinauf, was für einen Esel eine ungeheure Leistung darstellt, um an der Seite des Bauern zu einem riesigen alten Bett zu gelangen. Benjamin legte sich auf den Fußboden, nahe dem Bett, so dass ihn der Bauer, wenn er seine Hand seitlich herunterhängen ließ, fühlen konnte. So waren sie beide friedlich eingeschlafen.

Am anderen Morgen fühlte Benjamin sich jedoch etwas seltsam; es war ihm irgendwie nicht so recht eselhaft zu Mute. Doch als der Bauer ihm wiederholt ein Schlaraffenlandfrühstück brachte, dachte er nicht länger darüber nach, wie er sich als Esel gewöhnlich gefühlt hatte; dafür ging es ihm jetzt viel zu gut. Das glaubte er zumindest – und weil er es glaubte, fühlte er sich auch so gut! Er hatte oft Angst gehabt, ohne seine Eltern nicht leben zu können, nun hatte er diese Angst nicht mehr.

Viele Abende folgten, an denen Benjamin sich sorglos und gut fühlte, aber es kamen auch viele Morgen, an denen ihm nicht eselhaft zu Mute war. Die Erlebnisse des Frühlings jedoch lagen weit zurück. Die Zeit hatte seine Traurigkeit verblassen lassen, aber sie hatte sie nicht geheilt. Abend für Abend quälte Benjamin sich die steile Treppe hinauf, um dem Bauern eine Freude zu machen und um eine warme Hand in seinem Fell spüren zu können. „Niemand sollte verlassen sein", sagte sich Benjamin immer wieder, wenn sie gemeinsam einschliefen.

Benjamin bemerkte, dass er die Sprache des Bauern mittlerweile besser verstand als seine eigene, dass ihn seine vulgären Witze nicht mehr erschreckten und dass er innerlich die Lieder eines Mannes sang, dessen Brot er aß. Was aber erschreckend war: Benjamin hatte seine eigene Sprache vergessen, er war stumm geworden und er bemerkte es nicht einmal. Doch dass sich hinter seiner Selbstlosigkeit Furcht verbarg, ahnte er erst, als er eines Abends nicht mehr recht einschlafen konnte. Sein Leben mutete ihn plötzlich so unwirklich an. Er fürchtete sich vor der Frage, ob es das Leben war, das er leben wollte. Seine Angst hatte wohl mehr Macht bekommen als sein Gespür für Glück. So handelte er wie fremdbestimmt, so, als ob er nur ein Statist sei. Erst viel später stellte Benjamin sich die Frage, warum er den einen statt den anderen Weg gewählt hatte.

Wer sich nicht selbst helfen will, dem kann niemand helfen.
J.H. Pestalozzi

Die Äpfel faulten an den Bäumen, das Laub wurde bunt, nachts wurde es jetzt häufiger empfindlich kalt. So wurden die Fenster allabendlich geschlossen. Aus diesem Grunde nahm Benjamin wohl erst jetzt einen seltsam unangenehmen Geruch wahr, den er vorher gar nicht bemerkt hatte. Der Bauer, der sonst immer so ruhig und friedlich geschlafen hatte, stand nun auch häufiger auf. Er trank Wasser aus Flaschen, dessen Geruch Benjamin in der Nase juckte und nach dem der Bauer entsetzlich aus dem Mund roch. Auch bemerkte Benjamin, dass der Bauer ganz anders sprach und überhaupt ein ganz anderer war, wenn er dieses Wasser getrunken hatte. Benjamin konnte das gar nicht verstehen; er verstand nur, dass irgendetwas nicht gut an diesem Wasser sein konnte.

Der Bauer erzählte ihm immer häufiger von seinen Sorgen und dass er nicht mehr genügend Geld verdienen könne, um den großen Hof zu behalten. Seine Frau habe ihn verlassen und die Kinder mitgenommen; damals, als er in den Stall zu Benjamin gekommen war. Damals, als alles still und so anders geworden war. Benjamin erinnerte sich gut an dieses Gefühl, das er im Frühling gehabt hatte. Die Kinder waren nicht mehr da und auch die Tiere waren alle verschwunden gewesen.

„Warum sind alle fort?", wollte Benjamin wissen.

„Ich bin alkoholkrank und habe alles versoffen", erzählte ihm eines Abends der Bauer, als er wieder von dem stinkenden Wasser getrunken hatte.

„Du bist alles, was mir geblieben ist. Einen Esel, der zu jung zum Arbeiten ist, wollte mir keiner abkaufen."

Nun war es nicht mehr schön, mit dem Bauern zu leben, denn er wälzte sich immer so schrecklich im Bett herum. Oft spuckte er ganz furchtbar oder er machte ins Bett. Wenn er dann aufstand, trat er manchmal auf Benjamin, das war nicht schön. Vor allem, weil die Tritte ihn oft im Tiefschlaf trafen. ‚Was ist das nur für eine Krankheit?', fragte sich Benjamin. Die hat er doch erst, seitdem er das stinkende Wasser trinkt. Dann soll er das doch einfach sein lassen, und das sagte er dem Bauern dann auch.

Doch der beachtete ihn schon lange nicht mehr, schien ihn gar nicht wahrzunehmen; war nur noch mit sich selbst beschäftigt. Verbrachte immer häufiger die Tage mit einer Flasche im Bett.

Als Benjamin einmal eine Flasche versteckt hatte, war der Bauer so aggressiv geworden, dass er ihn, wie aus einer Panik heraus, die Treppe hinuntergestoßen hatte. Zwei eingetretene Türen, Stromausfall und ein zerbrochener Knüppel waren ihm in Erinnerung geblieben, als er Tage später mit geschwollenen Hinterläufen aus seiner Ohnmacht erwacht war. Es war so schlimm gewesen, dass Benjamin zu zittern begann, wenn er nur daran dachte.

‚Menschen achten keine Esel', dachte Benjamin. ‚Ob der Bauer wohl ein Mensch ist, der Esel für dumm hält?' Dieser Gedanke machte ihm Angst. Benjamin hatte gelernt, dass Einsamkeit sich auch dann breit machen konnte, wenn er mit dem Bauern zusammen war und dass Angst und Einsamkeit etwas miteinander zu tun haben mussten. Benjamin entwuchs seiner Kindheit, indem er immer stummer und ängstlicher wurde.

An manchen Tagen, wenn der Bauer nicht im Bett liegen blieb, musste Benjamin mit ihm in eine kleine Stadt gehen; dann lud der Bauer ihm viele Kisten mit Flaschen auf den Rücken. Auf dem Hinweg waren sie leicht, weil sie leer waren, doch auf dem Heimweg hatte Benjamin immer sehr schwer zu tragen. Vor allem, weil der Bauer dann meistens nicht mehr gehen konnte und sich zusätzlich noch auf Benjamins Rücken setzte. Auch bekam er kein Schlaraffenlandfrühstück mehr am Morgen. Jetzt bekam er nur noch Kartoffel- und Apfelschalen zu essen, wenn er überhaupt noch etwas zu essen bekam, und an die Luft kam er so gut wie gar nicht mehr. Benjamins Fell war nun nicht mehr kuschelig braun, sondern borstig stumpf; die wunderschönen klaren Augen sahen trübe und traurig aus. Seine Ohren standen nicht mehr stramm nach oben, sondern fielen an den Spitzen schlapp nach unten. Die Beine knickten immer häufiger ein, wenn sie auf den langen Wegen in die Stadt schwächer wurden, weil die Kisten und der Bauer so schwer auf seinem Rücken lasteten. Einmal hörte Benjamin zwei Frauen miteinander sprechen, als er an ihnen vorbeitrottete:

„Da kommt der alte Säufer mit seinem Esel", hatten sie gesagt.

„Der säuft sich um den Verstand und diesen Esel bepackt er wie ein Muli. Kein Wunder, dass seine Frau mit den Kindern ausgezogen ist. Dieser Esel muss zurückgeblieben sein, denn so etwas lässt sich nur ein dummer Esel gefallen."

Da hätte Benjamin gerne weinen mögen, wie die Menschen es können. Doch er konnte es nicht. Die Erfahrung, dass er nicht um seiner selbst willen geliebt, sondern benutzt wurde, war so schmerzhaft, dass er seine wahren Gefühle zu leugnen begonnen hatte. Es schien ihm plausibel, dass er sich die Liebe des Bauern verdienen musste. Mittlerweile hatte er selbst ein paar Mal aus der Flasche getrunken, um seine verleugneten Gefühle zu betäuben. Sie hatten, in manch unruhiger Nacht, Fragen aufgeworfen, die Benjamin nicht beantworten konnte, solange er seine Verleugnungen aufrechterhielt. ‚Eigentlich sollte ich dieses Leben gar nicht leben', sagte sich Benjamin manchmal, ‚denn ich gehöre niemandem. Der Bauer benutzt mich, aber helfen tut es ihm nicht.' Es ist jedoch eine alte Eselweisheit, dass niemand alleine gelassen werden darf, der einmal ein Freund gewesen war. Es war eine Weisheit, die Benjamin irgendwie falsch und doch schön fand. Auf jeden Fall war sie bequem, so glaubte er, denn er hatte keine Ahnung, was er für sich selbst, aus eigener Kraft, bewirken konnte.

So schleppte Benjamin die Lasten, die der Bauer ihm auflud. Schlief in einem Zimmer, das nicht eselwürdig war und wurde täglich trauriger, träger und einsamer an der Seite eines Menschen, der ihn nur noch bei sich behielt, damit er in Ruhe sein stinkendes Wasser trinken konnte und weil ihm sonst niemand geblieben war, der ihm dienen wollte. Unser kleiner Benjamin wäre wohl immer trauriger geworden und vielleicht wäre er sogar daran gestorben, wenn nicht eines Morgens die Konsequenz der Fremdbestimmung für Benjamin Schicksal gespielt hätte.

> *Wege entstehen dadurch,*
> *dass man sie geht.*
> Franz Kafka

Reflexionsfähigkeit

Das blaue Licht rotierte gespenstisch durch den aufsteigenden Herbstnebel, der den Winter bereits zu rufen schien. Benjamins Atem dampfte in der frühen Morgenluft, als er mit ansah, wie zwei Männer seinen Bauern stützen mussten, damit er beim Gehen nicht umfiel. Er sah ihn in das weiße Auto steigen, und alle gemeinsam waren sie fortgefahren, hatten ihn einfach wortlos zurückgelassen.

Da war der Esel Benjamin ganz alleine und er spürte dieses lang bekannte Verlassensein so deutlich wie niemals zuvor. Manche Gefühle werden durch Wiederholung eben nicht leichter, wenn sie Erinnerungen beleben, die keine Erleichterung bringen, sondern nur Schmerz hervorrufen; jedenfalls war das bei Benjamin so. Auch wenn er sich dessen noch nicht bewusst war, spürte er in seiner Eselseele, dass er ein Leben lebte, das er so nicht leben wollte. Er hatte sich aus Angst vor dem Alleinsein, immer heftiger wehtun lassen und sein Leid dadurch verlängert. Hatte geglaubt, dass er lieb gehabt werden würde, wenn er sich alles aufladen ließe und war sich dabei selbst immer fremder geworden. Benjamin hatte gelernt, für Andere zu sorgen, bevor er für sich selbst sorgen konnte; glaubte, sein Gespür für die eigenen Fähigkeiten verloren zu haben, bevor er sie zu leben gewagt hatte. Gefühle der Einsamkeit, Selbstzweifel und die traumatische Angst verlassen zu werden waren ihm kein guter Ratgeber gewesen, in Bezug auf ein eigenständiges Leben in Freude, so wie es sich für einen Esel gehört. Nun stand er in der Türe eines heruntergekommenen Bauernhofes, wusste nicht, wie es weitergehen sollte und fühlte sich noch verlassener, als an dem Tag, an dem seine Eltern fortgebracht worden waren. Er hatte seine Freude vergessen, was konnte er nur tun?

‚Wer sich selbst wiederfinden will, muss dorthin gehen, wo er sich verloren hat', kam es ihm plötzlich in den Sinn. Er wusste nicht, von wem er diese Worte hatte, wusste nicht, was er mit ihnen anfangen sollte, doch er spürte, dass er fortgehen wollte. Den ganzen Tag lief Benjamin ziellos umher, dann ging er in seine alte Scheune zurück, glaubte, sich an diesem Ort verloren zu haben, bevor er mit dem Bauern in sein Haus gegangen war. Glaubte sich bei einem Menschen verloren, als er sich selbst zu vergessen bereit war.

Er wusste plötzlich, dass er nur zu jemandem gehören konnte, wenn er sich selbst wiederfinden würde und dass er in Zukunft besser auf seine eigene Stimme hören musste, wenn er sein Märchen wahr werden lassen wollte. Benjamin legte sich auf die ausrangierten Säcke. Ruhig lauschte er den Worten seines Herzens. Was sollte ihm schon passieren? Er war ein Esel und Esel brauchten nicht viel zum Leben. Mit diesen Gedanken konnte er ruhig einschlafen.

Als er erwachte, schien die Sonne durch die Ritzen der Lattenwände. Nach langer Zeit stieg erstmals wieder so etwas wie Neugierde in ihm auf. Tatendrang,

Abenteuerlust und eine wiedergewonnene innere Gelassenheit, durch die er sich, ohne leichtsinnig zu werden, unverwundbar glaubte, durchströmten ihn. Er war voll ruhiger Freude. Es war Freude, die alles beließ, wie es war, die nicht alles bewerten wollte, die zu lieben bereit war. Es war Freude wie Frieden – Eselfreude –, aus der alles neu erwachsen konnte, und die Benjamin jetzt so gut tat.

Er stand auf, sortierte seine Beine, schüttelte das Fell locker und ging an die Luft. Es war heller als sonst. Der Duft von frisch gefallenem Schnee stieg ihm in die Nase und es war angenehm kühl. Es hatte geschneit, während er geschlafen hatte. Benjamin liebte Schnee, wenn er so trocken und frisch war wie heute. Er tappte wie auf Watte durch die weiße Pracht, in der seine Schritte gedämpft und knirschend klangen. Die Sonne ging auf. Ihr Licht brach sich rosa auf den weißen Kristallen, die den leuchtenden Morgenhimmel reflektierten. Benjamin atmete tief durch. Meine Güte war das Leben schön! IIIaaa! Wie laut er das konnte! Und wie lang – IIIIIaaaa! Er war von seiner Stimmgewalt völlig begeistert. Es war Winter! Ausgelassen rollte Benjamin sich genüsslich in der weißen Pracht. Er biss in den Schnee hinein, genoss ihn mit allen Sinnen. Und doch hätte er seine Freude jetzt so gerne mit jemandem geteilt, vielleicht sogar mit dem Bauern. Wie gerne würde er sich nun an ihn kuscheln, die warme Hand in seinem Fell spüren können, nicht so verdammt alleine sein. ‚Wie es dem Bauern wohl geht', dachte Benjamin, ‚wo er wohl sein mag? Warum hat er bloß immer dieses stinkende Wasser getrunken?'

Es gab so viele Fragen, auf die Benjamin keine Antwort wusste und die trotzdem existierten. Trotz allem waren in ihm so liebevolle Worte für den Bauern, die er nicht verstehen und nicht loswerden konnte. Es war wohl die Einsamkeit, die ihm immer wieder so schwer zu schaffen machte. Er wusste nicht, wohin mit seiner Zärtlichkeit, wollte ungesagte Worte so gerne aussprechen. Jemanden lieben, ohne sich selbst zu verlieren, ob das wohl ginge?

‚Warum fehlt er mir nur so sehr, er war doch gar nicht lieb zu mir? Vielleicht weil er so alleine war wie ich und weil er mir so leid tut, oder habe ich geglaubt, dass es mir bei ihm besser geht als alleine? Vielleicht wollen Eselseelen einfach alles zu Ende bringen, was sie einmal angefangen haben? Sturköpfe!'

Benjamin schien nicht zu wissen, wie liebenswert er war und wie lebenstüchtig. Er war erstaunt über seine trüben Gedanken, doch dann machten sie ihn plötzlich wütend. ‚Ich muss etwas ändern; ich werde gehen! Gleich morgen werde ich mich auf den Weg machen! Gleich morgen – oder so.'

Die Sonne stand mittlerweile golden am Himmel, als er zu dösen begann …

Ach, Benjamin döste so gerne.

> *Einen Menschen lieben heißt,
> ihn so zu sehen, wie Gott ihn
> gemeint hat.*
> F.M. Dostojewski

Rückfall – der Wille allein genügt nicht

Schließlich war es aber nur bei dem Vorsatz zu gehen geblieben! Angst und Bequemlichkeit hatten über sein Märchen gesiegt, im Haus hatte er noch Gemüsereste gefunden. Es hat dann aber nicht lange gedauert, ein paar Tage nur, da kam ein Auto vorgefahren. Dieses Mal war es kein weißes Auto mit einem blauen Licht, sondern es war ein kleines, gelbes mit einem leuchtenden Schild auf dem Dach. Taxi stand darauf geschrieben und der Bauer war ausgestiegen. Benjamin konnte sofort sehen, dass es dem Bauern nicht sehr gut ging. Er machte einen müden Eindruck, ging etwas wackelig, sah richtig eingefallen aus. ‚Das ist nicht mehr mein starker Bauer, der mich schlägt, das ist ein armer kranker Bauer, dem es schlecht geht', dachte Benjamin, als er ihn in sein Bauernhaus gehen sah. ‚Dem brauche ich keine Flaschen mehr zu schleppen, der ist einfach nur froh, wieder zu Hause zu sein. Ich glaube, es geht ihm nicht nur körperlich schlecht, er sieht auch ganz traurig und verlassen aus', und das war er wohl auch. Benjamin war froh, dass er von seiner alten Scheune aus nicht mit ansehen musste, wie der Bauer sich so dahinschleppte, sondern dass er seinen kleinen bescheidenen Frieden gefunden hatte und sich selbst wieder spüren konnte. Er verbrachte die kommenden Tage überwiegend draußen; seine Eselnase hatte sich von dem Geruch des stinkenden Wassers erholt. Er war wieder der schönste Esel weit und breit geworden, niemand sah ihm seine Sehnsucht und niemand seine immer wiederkehrende Traurigkeit an. Aber es war ja auch niemand da, der ihn sah.

Seitdem er den Bauern wieder in seinem Haus wusste, genoss Benjamin seine Freiheit mehr denn je. Obwohl er den Bauern selten zu sehen bekam, fühlte er sich nicht verlassen, nicht so furchtbar übriggeblieben. Das Wissen, in seiner Nähe zu sein, fühlte sich einfach gut an. Nur, dass es in dem Bauernhaus so still war, ließ dieses dumpfe Gefühl wieder in ihm aufsteigen.

‚Ich kann nicht länger hier auf alten Säcken schlafen und davon träumen, nicht mehr alleine zu sein; ich muss etwas tun, ich muss dorthin gehen, wo andere Esel sind‘, dachte Benjamin, ‚ich muss mich endlich auf den Weg machen.‘ Voller Tatendrang wollte er gerade hinausgehen, um sich etwas Reisespeck anzufressen, als er Schritte auf dem verschneiten Kiesweg hörte. Angst überkam ihn plötzlich! Diese Angst war so groß, dass er vor seinem eigenen *Iiaa* erschrak. Die Schritte kamen näher, er erkannte ihren Rhythmus.

Da stand er vor ihm, der Bauer! Mindestens einen Monat zu früh. Benjamin hatte noch nicht genügend Gespür für sich selbst bekommen, hatte der Willkür des Bauern noch nichts entgegenzuhalten, traute sich ein eigenverantwortliches Leben noch nicht zu. Dafür saß die Angst vor dem Verlassensein zu tief.

Ernst sah der Bauer aus, abgemagert war er, schweigend streichelte er Benjamins Kopf. Benjamin war so überwältigt, dass er nicht einmal wusste, ob es ihm gefallen durfte. Ja, er begann darüber nachzudenken, ob er besser einfach gehen sollte – sofort. Doch er blieb stehen, ließ sich streicheln – voller Hingabe. Der Bauer hatte Karotten mitgebracht, hatte sie für Benjamin mitgebracht. Was richtig oder falsch war, spielte jetzt keine Rolle mehr, dafür war das Gefühl viel zu schön, das Benjamin in diesem Augenblick empfand. Sein Hunger nach Geborgenheit und Liebe war so groß, dass er echte Liebe von unechter nicht mehr unterscheiden konnte. Wo seine Eltern jetzt wohl waren, wie es ihnen wohl ergehen würde? Die Angst vor einem eigenständigen Leben war so lähmend, dass er nicht wusste, was ihn hungrig machte und was ihn satt werden ließ. Durch die verlorene Erinnerung an sein Märchen schien er seine guten Vorsätze vergessen zu haben. Leise flüsterte der Bauer Benjamin ins Ohr: „Niemals wieder werde ich Schnaps trinken, das verspreche ich dir." Schnaps – so hieß das stinkende Wasser also; niemals wieder wollte er es trinken.

So kam es, wie es kommen musste! Der Bauer schlief mit Benjamin in der alten Scheune ein und an dem folgenden Tag gingen beide gemeinsam hinüber in das große Bauernhaus. Doch etwas war anders geworden, als Benjamin durch die offene Türe das Haus betrat. Es war ihm seltsam zu Mute, irgendwie fühlte er sich völlig allein, obwohl der Bauer an seiner Seite war. Und ein leises inneres Stimmchen ließ ihn wissen, dass Hingabe leicht zur Aufgabe werden kann, wenn man sich übriggeblieben fühlt. Da fielen ihm die letzten Worte seiner Mutter ein, bevor man sie ihm weggenommen hatte: „Glaub an dein Märchen, aber achte immer darauf, dass es dein Märchen ist, das wahr werden soll und nicht das Märchen der Menschen, die Esel für dumm halten."

Diese Worte hatten sich in Benjamins Herz eingebrannt, weil sie mit dem Klang ihrer Stimme und dem Blick verknüpft waren, der von ewiger Liebe erzählte. Wie gerne hätte er wieder gewusst, an welches Märchen er glauben soll. Er bemerkte nicht, dass der Bauer ihn nicht so liebevoll ansah, dafür war seine Sehnsucht geliebt zu werden viel zu groß.

‚Er hat mich lieb, denn er ist lieb zu mir, weil er nun nicht mehr das stinkende Wasser, das Schnaps heißt, trinkt', dachte Benjamin. So ging er wiederholt mit dem Bauern in das große Bauernhaus, weil er noch glaubte, was ihm gesagt wurde und weil er es glauben wollte. Doch als er die Treppe hinaufgehen sollte, wusste Benjamin, warum er sich so furchtbar allein gelassen gefühlt hatte. Der Bauer, der vor wenigen Minuten noch so liebevoll schien, drängte ihn die Treppe hinauf, ohne zu beachten, dass die Stufen keinen eselgerechten Gang ermöglichten. Sie bereiteten dem kleinen Esel eine große Qual.

„Stell dich doch nicht so dumm an", rief ihm der Bauer zu, „du bist doch sonst auch immer die Stufen hinaufgegangen." Es waren nicht allein die Worte, es war auch die Betonung, die Angst in ihm erzeugte. Da wusste Benjamin seine Sehnsucht verraten, und es ummantelte ihn eine Traurigkeit, die bis in den letzten Winkel seiner zarten Eselseele drang. ‚Ob der Bauer meine Sehnsucht für Dummheit hält?', fragte sich Benjamin und sein leises Stimmchen ließ ihn eine Antwort spüren, die ihm nicht gut gefiel. So ließ er seinen eigenen Gefühlen den Raum, der ihnen zustand und wusste plötzlich, wie er sich als Esel zu verhalten hatte. Stocksteif stand er auf den untersten Stufen, rief sein kräftiges *Ia* und der Bauer hatte große Mühe, ihn von der Stelle zu bewegen, war froh, als er ihn wieder unten hatte. So kam es, dass Benjamin in der großen Bauernstube vor dem Kamin schlief und der Bauer völlig erschöpft die Treppe hinaufstieg, um sich in sein Bett fallen zu lassen. Benjamin war stolz, so gehandelt zu haben und doch war er auch unsicher. Er wusste nicht, was richtig oder falsch war, wollte alles richtig machen. Er hatte Mitleid mit dem Bauern und Angst davor, seinen Weg allein zu gehen. Klare Sache – er blieb!

Die Tage kamen und gingen und Benjamin lernte Vieles dazu. Er lernte Dinge, die ihm fremd waren. Es waren Dinge, die seine Mutter ihm nicht beigebracht hatte. Er musste nun alle Arbeiten verrichten, die auf einem Bauernhof anfielen. Der Bauer aber, der so ruhig und freundlich gewesen war, lag nun den ganzen Tag im Bett. Er stand nur noch auf, um Schnaps zu trinken. Dieser Schnaps, dessen Geruch Benjamin so sehr in der Nase juckte und nach dem der Bauer entsetzlich aus dem Mund roch, wenn er davon getrunken hatte, musste eine gigantische Anziehungskraft haben. Warum sonst trank er doch wieder davon, obwohl er versprochen hatte, es nicht mehr zu tun und obwohl er wusste, dass es ihm dadurch abermals schlecht gehen würde?

Benjamin dachte oft darüber nach. Er dachte so oft darüber nach, dass er sein geliebtes Dösen vergaß. Warum trank der Bauer den Schnaps, obwohl er dann gar nicht mehr richtig sprechen und nicht mehr richtig gehen konnte? Immer träger und unzufriedener wurde er davon und er erzählte dann Lügengeschichten. Die Aggressionen des Bauern bekam Benjamin nun in verstärktem Ausmaß unterschwellig zu spüren. Er begann, Benjamin für sein verlorenes Glück verantwortlich zu machen. Er hielt Benjamin für so dumm, dass er ihm nur noch Blödsinn erzählte. ‚Vielleicht hält er mich für dumm, weil ich bei ihm bleibe‘, dachte Benjamin manchmal. Er blieb aber trotzdem!

An manchen Tagen, wenn der Bauer nicht in seinem Bett liegen geblieben war, kontrollierte er Benjamins Arbeit. Dann fand er immer etwas auszusetzen und unser fleißiger Esel, der alles richtig machen wollte, bekam seine Arbeit nicht gedankt.

> *Es gibt mehr Leute, die kapitulieren, als solche, die scheitern.*
> Henry Ford

Es wurde milder, der Schnee war geschmolzen, die Sonne wärmte bereits. Das Gras roch süßlich, die Frühlingssonne zauberte wundervolle Lichteffekte in die alte Eiche vor dem Haus. Benjamin sehnte sich danach, wieder einmal von der duftenden Weide zu fressen, den Wind in seinem Fell zu spüren und mit seinen Augen die Wolken zu begleiten, doch er hatte nicht genügend Energie, um es wahr werden zu lassen. Das Leben schien schweigend an ihm vorbeizuziehen; mit seinen traurigen Augen sah er die Blumen nicht mehr wachsen.

Wer seine Märchen vergessen hat und tiefe Gefühle verleugnet, verfängt sich leicht in Märchen, die ihm nicht gut tun. Findet sich in Geschichten wieder, in denen er benutzt wird und trägt mit dazu bei, dass böse Märchen zu einer Geschichte werden, dessen Ende niemand gewollt hat.

Wenn der Bauer Schnaps trank, schien er sich selbst und alles andere zu verachten, denn es waren sehr zerstörerische Kräfte, durch die er seine Lebensgeschichte zu ruinieren bereit war. Benjamin hatte niemals den Glauben an ein glückliches Ende verloren, er hatte nur vergessen, dass er es nicht erreichen konnte, wenn er nicht selbst daran mitwirkte, um es wahr werden zu lassen. Märchen, die wahr werden sollen, müssen von der Sehnsucht ins Leben getragen werden, damit sie zur eigenen Geschichte werden können und nicht die Geschichte eines kranken Menschen ergänzen. Doch Benjamin war apathisch geworden und hatte es zu spät bemerkt. Wenn er nicht arbeiten musste, ließ er die Zeit an sich vorbeiziehen, ohne sich selbst wahrzunehmen. Das Einzige, was ihm noch Kraft geben konnte, war sein Dösen. Ach, er döste viel zu selten!

In seinen einsamsten Stunden wünschte er sich immer häufiger, die Stimme seiner Mutter wieder zu hören. Doch auch diese Art von Zärtlichkeit war stumm in ihm geworden. Das kam wohl daher, dass der Bauer oft so entsetzlich weinte und jammerte. Benjamin wusste tief in seiner Eselseele, dass es dem Bauern, der immer grausamer wurde, sehr schlecht gehen musste. Er tat ihm leid. Ja, Benjamin hatte mit dem Bauern mehr Mitleid als mit sich selbst. Er lebte in einem bösen Märchen!

Doch auch böse Märchen können ein gutes Ende nehmen, wenn die rettende Stunde naht. Rettende Stunden kommen immer dann, wenn man sie ruft, weil man den Glauben an ein glückliches Ende nicht verloren hat. Benjamin musste nach dem Glück rufen, musste die glücklichen Bilder vor seinem inneren Auge sehen, seinen inneren Worten glauben, sich selber vertrauen, sich an seine Liebe erinnern, warum tat er es nur nicht? Vielleicht hätte Benjamin niemals nach der rettenden Stunde gerufen. Vielleicht wäre er sogar vor Traurigkeit gestorben, wenn der Bauer nicht immer brutaler geworden wäre.

Manchmal halten Esel verdammt viel aus, manchmal sind Esel verdammt langmütig. Doch echte Esel bleiben sich letztendlich treu, bleiben immer eselhaft. Sie vergessen niemals ihr *Ia*!

So geschah es, dass der Bauer an einem Morgen, nachdem er die ganze Nacht von dem Schnaps getrunken hatte, ganz besonders schlimm mit Benjamin schimpfte. Doch der war mittlerweile so traurig geworden, dass er die Worte des Bauern gar nicht mehr hörte. Er fürchtete diese vertraute Hölle weniger als ein eigenverantwortliches Leben in Freiheit. Sein Herz war vor Kummer taub geworden; taub und stumm. Wie viel konnte Benjamin noch ertragen, bis er sich wieder auf sich selbst besann?

Benjamins rettende Stunde kam auf dem Weg des Leides daher. Er hatte wieder so viel Schimpf bekommen, dass er sich einfach schlafen gelegt hatte. Da stand der Bauer plötzlich vor ihm. Schnaufend vor Wut zerschlug er eine seiner Flaschen auf dem Kopf von Benjamin.

Endlich, da war sie, die rettende Stunde. Da war sie, die Stimme seiner Mutter. Und durch die Räume eines heruntergekommenen Bauernhauses ertönte, so laut wie ein gewaltiger, markdurchdringender Urschrei, das allumfassende „IIIaaaa" eines verzweifelten Esels, der endlich wieder seine ihm ureigene Sprache sprach.

Der Bauer stand steif vor Schreck da, als Benjamin sich erhoben hatte. Aus dem Kopf des erwachsen werdenden Esels rann das Blut auf den braun gefliesten Steinboden eines Bauernhofes, in dem er ein Zuhause gesucht hatte. Unser Benjamin hörte in den Bruchteilen einer Sekunde plötzlich die ganze Geschichte der wahren Liebe, als er, wie von warmer Hand geführt, das Haus verließ, um nie mehr wiederzukommen. Er sah den Bauern in seiner Verzweiflung zusammenbrechen und wusste, dass Menschen manchmal mehr aushalten können als die größten Esel, wenn sie ihre innere Stimme nicht mehr hören.

> *Was man zu verstehen gelernt hat, fürchtet man nicht mehr.*
> Marie Curie

Teil 2

Der Weg – Über die Erkenntnis zur Freude

Mit dem Mut der Verzweiflung lief Benjamin über die große Weide und schaute nicht mehr zurück, weil er wusste, dass der Bauer seinen eigenen Weg finden musste und er ihm dabei nicht helfen konnte.

Manchmal muss man inne halten, um zu erkennen, wo man steht.

Und manchmal muss man weit gehen, um bei sich selbst anzukommen.

Benjamin hatte die große Weide hinter sich gelassen; er lief weiter, lief alleine in die nahe gelegene Stadt, um dem Bauern einen letzten Dienst zu erweisen. Er trug die leeren Flaschen fort, als er in einem kleinen Schaufenster auf einem alten Schild die Worte las:

Wer sich zum Esel macht, schleppt die Säcke.

Wie Schuppen fiel es Benjamin von den Augen, wie ein kalter Guss lief es ihm über den Rücken. Jetzt erst, wo er aufs Neue so allein war, wusste er, was er sich selbst schuldig war. Es waren die Worte seiner Mutter. Es war ihre Liebe, die ihn immer gerufen hatte und die ihm nun sagte, wie er sein Märchen wahr machen konnte. Benjamin wusste tief in sich drin, dass die Sehnsucht ihm manchmal seltsame Wege zeigte, doch ihn ganz sicher zu dem Ziel seiner Wünsche führte, wenn er ihren leisen Worten lauschte und seiner Kraft vertraute. Seine Eltern hatten ihm nicht mehr die Fähigkeiten vermitteln können, die er für ein selbstständiges Leben benötigt hätte, doch sie hatten ihm einen unschätzbaren Wert ins Herz gesenkt, dessen Kraft er nun zu spüren bekam. Sie hatten ihm nicht nur das Leben, sondern auch die Fähigkeit zur Freude daran geschenkt.

Diese Kraft war es, die in diesem Augenblick alle Angst wie Seifenblasen zerplatzen ließ. Benjamin fühlte sich wie aus einem bösen Traum erwacht. Er war endlich bereit zu tun, was ihn vorantrieb, hatte gelernt, sich an das zu erinnern, was ihm gut tat und was er leben wollte. Einsicht und Kraft entsprangen derselben Quelle. Die Worte seines Vaters fielen ihm wieder ein: „Es gibt immer drei Möglichkeiten: Du entscheidest dich für etwas, gegen etwas oder du wartest bis von anderer Seite für dich entschieden wird. Die dritte Möglichkeit ist eines Esels nicht würdig!", hatte er gesagt. Benjamin hatte den Eindruck, als würde er den Sinn dieser Botschaft zum ersten Mal verstehen.

Sich der Flaschen entledigt, ging er, ohne fremde Last zu tragen, weiter. Er spürte deutlich, wie befreiend es war, seine Beine im eigenen Tempo laufen zu lassen, ohne getreten oder geschoben zu werden und auch ganz ohne Angst. Er fühlte seinen Gang leichter als in den vergangenen Wochen und Monaten; er wollte springen und vor Freude ausschlagen. Doch er war ungewöhnlich schnell erschöpft. Wie schlapp er doch geworden war. Ihm fiel auf, dass er sein Leben viel zu lange als furchtbar anstrengend empfunden hatte. Warum eigentlich? ‚Ich bin ein Esel und Esel brauchen nicht viel um glücklich zu sein!‘ Ach, war er froh, ein Esel zu sein.

‚Seltsam, dass ich das jetzt erst wirklich bemerke. Überall kann ich ein Plätzchen zum Schlafen finden, überall finde ich Gras zum Fressen, mein Leben ist eigentlich wunderbar unabhängig, weil ich so einfach leben kann. Ich darf mir nur nie und von niemandem wieder einreden lassen, dass es mir als Bettvorleger besser geht. Das ist es!‘ Benjamin war froh, dass er sich jetzt darauf besonnen hatte.

Genüsslich trottete er an den Menschen vorbei, die ihrem Alltag nachgingen und beobachtete sie wie nebenbei.

Er sah sie im Vorübergehen. Sah, wie sie in die Geschäfte eilten und mit vollen Taschen wieder herauskamen; schwer beladen. Er sah Kinder, die an der Hand der Mutter quengelten, weil sie nicht bekommen hatten, was sie sich wünschten. Benjamin sah einen alten Mann, der sich schwer tat, eine Sackkarre über den Bordstein zu hieven. Normalerweise hätte er dem alten Mann so gerne die Karre aus dem Dreck gezogen, doch er stand nicht nur am Rande des Geschehens, er fühlte sich auch so. Ein kleines Mädchen schmiegte sich an die Beine ihres Papas, der ihr behutsam übers Haar streichelte.

Benjamin ließ diese Bilder und Stimmen eine Weile auf sich wirken und verabschiedete sich innerlich. Die schmerzhaften Ereignisse seiner Vergangenheit bekamen einen neuen Sinn. Er wäre nicht der, der er jetzt ist, wenn er nicht die Dinge erlebt hätte, die er erlebt hat. Benjamin mochte sich so, wie er jetzt war! Er hätte nichts aus seinen Erfahrungen gelernt, wenn ihm die Ursache seiner Abhängigkeit jetzt nicht bewusst würde. Jetzt konnte er erkennen, dass er viel zu spät gegangen war. ‚Niemand muss sich schlagen lassen, wenn er fortgehen kann', dachte Benjamin. Er hatte sich nicht nur körperlich schlagen lassen, das wurde ihm nun klar, das würde ihm nicht wieder passieren! ‚Warum bin ich so lange geblieben?', fragte er sich nun. Er hatte es lange bei dem Bauern ausgehalten, obwohl er ihm nicht hatte helfen können. Seine jetzige Freiheit empfand er als Segen. Aus diesem Verständnis heraussegnete er seine Vergangenheit. Nahm die wichtigen Erfahrungen als Lehre für sein neues Leben, ließ Negatives ganz bewusst und friedlich los. Dann trottete er langsam zum Städtchen hinaus. Doch bevor er die Bilder für immer hinter sich ließ, blickte er noch einmal ganz bewusst zurück, blieb entspannt stehen, hielt abseits allen Wirkens inne. Er wollte nur zusehen, ohne selbst etwas tun zu müssen, nur still sein, ohne Angst zu verspüren. Er erfreute sich einfach an dem lauen Frühlingswind, der durch sein Fell strich; er nahm den fast vergessenen Duft von frischen Kräutern wahr, der wundervolle Gefühle entfachte. Er verspürte so Vieles, genoss es, ohne es zu bewerten, und döste endlich wieder in seinen schönen Erinnerungen ...

Doch plötzlich, wie auf einen Schlag, war er hellwach. Es roch nach Kräutern! Eine unbändige Lust auf Kräuter stieg in ihm auf und machte ihm seine Erinnerungen bewusst. Wie gerne hatte er sie frisch gegessen. Meine Güte, das schien so lange her zu sein, dabei zählte sein Leben erst vier Jahre, wie hatte er diesen Duft vergessen können?

‚Wo Kräuter wachsen', schoss es ihm durch den Kopf, ‚da wächst vielleicht auch guter Weizen und leckere Gräser, da gibt es sicher auch Gemüse und Obst, Rinde, Baumäste und Hecken, Blätter, Hafer und Gerste, Heu, Stroh und süße Möhren.'

Oh, je länger Benjamin nachdachte, umso wonniger wurde es ihm. ‚Da geh ich hin, sofort', und als ob die Vorstellung ihm einen Tritt versetzt hätte, machte er sich auf den Weg. Er ließ das Städtchen hinter sich.

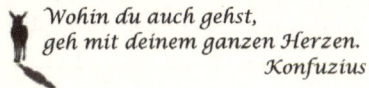
*Wohin du auch gehst,
geh mit deinem ganzen Herzen.*
Konfuzius

Von der Idee in die Wirklichkeit

Das war wohl auch besser so, denn hier und da wurden einige Leute bereits auf ihn aufmerksam, wollten wissen, was er hier machte und zu wem er gehörte. Benjamin nahm nicht nur die Lebendigkeit der Natur und die der Menschen wieder wahr, er nahm sich in diesem Leben wieder wahr. Das war toll!

Nun konnte er deutlich spüren, dass es schon lange nicht mehr darum gegangen war, ob er einen alkoholkranken Bauern verlassen darf oder nicht, sondern darum, dass er selbst Hilfe benötigt hätte. ‚Wer als Opfer lebt, fördert die Taten der Täter', dachte Benjamin. Er hatte sich schlagen lassen, weil er Angst hatte, zu gehen und nicht weil es dem Bauern hätte helfen können. Benjamin gab dem Bauern keine Schuld. Schuld ist ein dummes Wort, dachte er, als ihm klar wurde, dass alles Ursache und Wirkung ist. Niemand muss einen Menschen verlassen, aber jeder muss zu dem, was er tut, ja sagen können. Das war es! Benjamin spürte das warme Herz seiner Kindheit, das, trotz all dem Leid, ihn nun ohne Angst erwachsen werden ließ.

Bedächtig trottete er die Landstraße entlang. Autos fuhren an ihm vorbei, manche hupten. Benjamin wusste nicht, warum. Er entschloss sich, vorsichtshalber auf abgelegenen Wegen weiterzugehen; er wollte allein sein.

Nur noch Natur. Ab und zu ein Bauernhof, ein Futtersilo, eine Bushaltestelle, das war alles. Hier war es ruhig, hier konnte er ungestört vor sich hin dösen. Alle Zeit hob sich auf, alles Leid wurde still – ... oh, wie selig döste Benjamin.

Saftige Grasflächen breiteten sich am Rande der Felder vor ihm aus. ‚Eine prima Stelle, um mich satt zu essen', dachte er und beschloss, erst einmal ein Päuschen zu machen. Er stand vor einem Forsythienstrauch und lauschte dem Gesang einer Amsel, als er, von weit weg, ein Glöckchen läuten hörte. ‚Da läuft irgendwo ein Esel, der ein Glöckchen trägt, wie ich es einmal hatte.'

Benjamin stand auf. Eilig ging er den Weg, folgte dem geliebten Klang, doch er konnte niemanden entdecken. Kein Esel weit und breit, so sehr er auch suchte und rief. Der Klang aber wurde lauter, um einiges lauter. Das konnte kein Eselglöckchen sein. Da fielen ihm die Kirchenglocken ein, die er so oft in dem Städtchen gehört hatte, wenn er mit dem Bauern unterwegs gewesen war. Es hatte eine Zeit gegeben, in der Benjamin Kirchenglocken geliebt hatte; ihr Klang hatte ihn regelrecht verzaubert, doch jetzt machten sie ihn traurig. Kirchenglocken bedeuten Stadt, Stadt bedeutet Menschen, Menschen bedeuten, Rechenschaft ablegen zu müssen, geschlagen und für dumm gehalten zu werden – nein! – nur das nicht! Richtungswechsel! Er wollte nicht mehr traurig sein, er hatte dieses Selbstmitleid satt. Er war viel zu lange traurig gewesen, es war genug. Je länger er darüber nachdachte, desto mehr ärgerte er sich über sich selbst, wurde fast schon wütend.

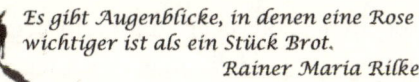 *Es gibt Augenblicke, in denen eine Rose wichtiger ist als ein Stück Brot.*
Rainer Maria Rilke

Er wusste nicht, wie lange er so daher gelaufen war. Die Nase dem warmen Wind entgegen, denn der versprach Süden. Er wusste nicht, wie viel Zeit seit der letzten Pause vergangen war. Er wollte in Bewegung bleiben, denn das versprach Veränderung.

Die Sonne stand bereits hoch am Himmel, als ein enger Trampelpfad Benjamin durch ein duftendes, riesiges Rapsfeld führte. Leuchtend, wie die Sonne selbst, umgab es ihn soweit das Auge reichte. Ein Meer aus duftenden Blüten! Und Benjamin stand mitten drin. Meine Güte, war das schön. *Iiiaaa*, wie war er frei. Ein gold leuchtendes Feld, das sich im Frühlingswind sanft zu wiegen schien. Benjamin war berauscht, verzaubert. Er war dankbar, so dankbar, dass er das sehen konnte, und glücklich war er – unsagbar glücklich! Er bekam nicht genug von dem Duft, saugte ihn in sich auf. Bekam nicht genug von diesem goldenen Leuchten, bis er sich eins mit ihm fühlte. Er dachte nicht an die Liebe, er war erfüllt von ihr. Den Rest seines Lebens wollte er durch dieses goldene Rapsfeld gehen. Oh ja, er wollte noch so viel Schönes sehen.

Wäre Benjamin nicht durch den Sonnenuntergang auf die langsam anbrechende Dämmerung aufmerksam geworden, so wäre er wohl weitergelaufen, bis er umgefallen wäre. Er lief der Sonne entgegen, ließ die Schatten hinter sich, ging in Richtung zu sich selbst. Das himmlische Farbspektakel zauberte Transparenz in Benjamins Gemüt. Grenzen verschwammen im Rausch der Sinne, sodass er zu torkeln begann. „Einen Sonnenuntergang genießt man im Liegen, das ist eine alte Eselweisheit", hatte sein Vater immer gesagt, wenn er sich seine Erschöpfung nicht eingestehen wollte. So blieb Benjamin liegen, wo er hingetorkelt war und ergab sich dem Abendzauber, der nicht schöner hätte sein können. Tränen liefen ihm über die Nase, ohne dass er sich dessen bewusst war, als er unter einem glutroten Abendhimmel selig einschlief.

Wie lange er geschlafen hatte, wusste er nicht. Doch dass eine Fliege auf seiner Nase gelandet war und sich dort genüsslich ihre Flügel putzte, das bemerkte Benjamin. Er war aufgewacht, da ihn diese Fliege auf seiner Nase entsetzlich kitzelte. Es schien früher Morgen zu sein; der Tau lag noch auf den jungen Blättern. Benjamin stand auf und kippte sofort wieder um. Sein rechtes Hinterbein war offensichtlich eingeschlafen, vermutlich hatte er falsch gelegen. Den zweiten Versuch aufzustehen, gestaltete er etwas vorsichtiger, indem er es erst einmal auf drei Beinen versuchte. Behutsam trottete er vorwärts, bis seine Beine wieder ganz von alleine laufen wollten. In der Magengegend knurrte der Hunger. Benjamin dachte daran, dass im Bauernhaus gleich Frühstückszeit gewesen wäre. Deutlich, wie auf einem Bild, sah Benjamin den Bauer die Holztreppe herunterkommen. Durchtrainiert, schlank, kräftig, frisch geduscht und gut gelaunt sang er vor sich hin, begrüßte Benjamin mit einem Lächeln. Auf einem zweiten Bild sah er den Bauern abgemagert mit einer leeren Flasche die Treppe heruntergetorkelt kommen. Und auf dem dritten lag er, wie ein verwundeter Krieger, auf der untersten Stufe in einer säuerlich riechenden Lache. Das vierte Bild hätte gezeigt, wie ein kleiner Esel verprügelt wird. Doch als er daran dachte, dass seine Eltern bei diesem Anblick geweint hätten, verbrannte dieses Bild in Benjamins innerer Bilderkiste. Wie hatte er das vergessen können? Was hatte er sich antun lassen? Die Erinnerung an seine Eltern befreite Benjamin von den schrecklichen Bildern. Liebe stieg in ihm auf!

Doch was war das? In der Ferne hörte er einen Hahn krähen. Er blieb stehen, lauschte, besann sich und bei seinem dritten Schrei wusste auch Benjamin, wen er verleugnet hatte. Er stand da, einfach nur da, sah sich um, nahm den Morgenhimmel wahr. So innig hatte Benjamin noch nie gedöst.

Da schaute ihm doch jemand zu! Jemand, den er vorhin gar nicht gesehen hatte und der jetzt, in der frühen Sonne, einen langen Schatten warf. Doch warum stand er auf einem Bein? Benjamin blinzelte in die Sonne, ging etwas näher heran und erkannte, dass es ein Mädchen war. Er konnte sehen, dass sie sich leicht im Wind wiegte. Sie trug ein leuchtend rotes Kleid mit kleinen weißen Blümchen darauf und hatte rote Schleifchen in ihren langen blonden Locken. Ihre Arme wurden von silbernen Bändern umspielt, die in der Sonne funkelten und wundervolle Klänge von sich gaben.

„Du siehst wunderbar aus", schwärmte Benjamin. „Warum stehst du hier so alleine?"

Keine Antwort! Benjamin unternahm einen zweiten Versuch.

„Deine Silberbänder sind wundervoll, sie funkeln so schön in der Sonne und machen so herrliche Musik. Wiegst du dich gerne alleine nach diesen Klängen?" Doch wieder bekam er keine Antwort.

„Warum sprichst du nicht mit mir?", fragte Benjamin jetzt etwas beleidigt. „Ich möchte doch dein Freund sein."

Da landete, wie aus blauem Dunst, ein Rabe genau auf dem Kopf dieses schweigenden schönen Wesens, das Benjamin so bewunderte.

„Raah, raah", rief er mit krächzender Stimme, ließ sich kopfunter an den langen blonden Strohlocken herabfallen, krallte sich an die Silberbänder und schaukelte in ihnen. Benjamin glaubte seinen Augen nicht zu trauen, es verschlug ihm die Sprache. ‚Was macht der mit diesem schweigenden Wesen?', dachte er.

„Mensch, Junge, das ist 'ne Vogelscheuche, siehst du das denn nicht!"

Nein, das hatte Benjamin nicht gesehen, er wusste überhaupt nicht, was eine Vogelscheuche ist und er verstand auch nicht, warum dieser Rabe wusste, was er gerade gedacht hatte.

„Aber du bist doch auch ein Vogel", entgegnete er, „warum verscheucht sie dich dann nicht?"

„Raah, du bist vielleicht ein gemeiner Hausesel, aber ich bin keine gemeine Feldkrähe, ich bin ein echter Kolkrabe, das ist etwas Besonderes", krächzte er

Benjamin an. „So ein blödes Ding verscheucht doch keinen echten Raben, wo denkst du hin? Meine Kumpels haben mich wissen lassen, dass du mit hängenden Ohren vor einem Bauern geflohen bist. Wir haben gedacht, du bist auf dem Weg ins Jenseits. Und so was lassen wir uns nicht entgehen."

„Auf dem Weg ins Jenseits, was meinst du damit?", wollte Benjamin wissen.

„Ach du großer Schreck, sag mal, wo haben sie dich denn losgelassen! Wir dachten, du gehst kaputt. Verstehst du das so besser? Aber eigentlich siehst du ganz munter aus, weiß gar nicht, was die da gesehen haben."

„Ich habe mit einem Bauern zusammengelebt, der Wasser aus Flaschen getrunken hat, das ganz grauselig stinkt. Das Wasser heißt Schnaps", sagte Benjamin nun etwas verschämt, als ob er sich entschuldigen müsse. „Ich habe geglaubt, dass ich ihm helfen kann und dass er dann nicht mehr davon trinken muss und dass er vielleicht viel Spaß mit mir haben wird. Aber er hat dann immer mehr von dem Schnaps getrunken und ist immer ekeliger geworden."

Der Rabe ließ sich an den Bändern herunterrutschen, flog einen schwungvollen Dreher und landete wieder auf dem Kopf der Vogelscheuche. Von hier aus konnte er besser auf Benjamin herabsehen und das wollte er jetzt.

„Klarer Fall von Selbstüberschätzung", krächzte der Rabe. „Sag mal, glaubst du auch, dass du fliegen kannst, wenn du 'nen Berg runter springst? Los, sag schon!"

Aber Benjamin war so überrascht, dass er still geworden war.

„Menschen – und das musst du dir merken", sagte der Rabe, „Menschen erkennen 'nen Esel auf tausend Meter gegen den Wind und dann packen sie dir alles auf, was sie selbst nicht schleppen wollen. Und du bist so blöde, dass du das nicht merkst? Ach, hör mir auf mit den Menschen, die kannst du doch nur tot genießen."

Benjamin dachte an das Schild im Schaufenster: *Wer sich zum Esel macht, schleppt die Säcke.*

„Aber ich habe auch liebe Menschen kennengelernt, und der Bauer war auch nicht immer nur schlecht", sagte Benjamin, als wolle er seine Eselwürde retten.

„Raah, na klar sind sie auch nett, wäre ja noch schöner. Das Ding ist, Menschen brauchen immer Paroli, sonst machen sie schlimme Sachen, das kannst du mir glauben. Sachen machen die, als würden sie hier alleine leben. Weißt du, Kleiner, Menschen glauben ganz schnell, dass lieb und blöd dasselbe ist. Die laufen scharenweise blind durch die Gegend; immer auf der Suche nach einem Esel, der sich für blöd verkaufen lässt."

„Blind?", unterbrach Benjamin den Raben voller Mitleid. „Das ist ja schrecklich!"

„Schrecklich? Jau!", entgegnete der Rabe jetzt genervt. „Die sind so schrecklich blind, dass sie sich selbst nicht in einem Spiegel erkennen. Das würden sie auch gar nicht aushalten! Na, was sagst du nun?", fügte er krächzend hinzu. „Wenn sie sich selbst erkennen könnten, würden sie nämlich sehen, dass sie nur kleine popelige Wichte sind, die noch nicht mal Gedanken lesen können. Sie glauben nur das, was sie sehen, ohne zu raffen, dass sie nur sehen, was sie zu sehen glauben. Verstehst du das, Kleiner?"

‚Nein', und dieses Mal wusste Benjamin, dass der Rabe ihn verstehen würde, auch ohne dass er gesprochen hatte.

„Das ist ja gewieft! Der Kleine hat es sofort begriffen und aufgehört, herumzujammern. Das ist klasse! Das hast du bei den Menschen vergessen, weil sie dir die Ohren voll gedudelt haben – stimmt's?! Weißt du, Kleiner, die Menschen sind nicht nur blind, sie sind auch ganz schön taub und das sind sie ganz bewusst. Die hören nur das, worauf sie bereits selbst eine Antwort haben."

Benjamin begann zu grübeln. „Aber die Menschen sprechen doch miteinander, das habe ich schon oft gehört. Wie können sie das, wenn sie taub sind und keine Gedanken lesen können?"

Benjamins löchernde Fragen machten den Raben sichtlich nervös.

„Menschen sprechen nicht miteinander, sie sprechen gegeneinander, das hast du noch nicht begriffen! Miteinander können sie nur sprechen, wenn sie miteinander fühlen. Und das, Kleiner, das ist genau ihr Problem! Gefühle halten sie nämlich für blöde."

Benjamin mochte nicht, dass dieser Rabe über Menschen sprach, als ob sie alle gleich seien.

„Können sie auch etwas besser als wir?", wollte Benjamin nun wissen.

„Na, du bist vielleicht 'ne Marke, willst du mich verhohnepiepeln? Alles können sie besser, einfach alles, wenn sie es nur richtig wollen! Das wäre genial – wenn – wenn, das nicht der Grund wäre, der sie so gemeingefährlich macht. Alles besser machen wollen, aber Gefühle für blöd halten. Menschen sind die mächtigsten Geschöpfte überhaupt."

Jetzt begann er wieder in den langen Haaren zu schaukeln, er konnte wohl nicht lange still sitzen.

„Was meinst du mit mächtig?" Benjamin hatte bemerkt, dass der Rabe ein ganz schlauer Rabe war; einer, von dem er etwas lernen konnte. Vor allem aber schien er sich mit den Menschen auszukennen und die interessierten Benjamin ganz besonders.

„Menschen können Sachen erfinden, sie können ihr Leben selbst bestimmen. Die können so viel bestimmen, dass sie sich selbst manchmal überstimmen und ihre Macht ständig missbrauchen. Ich sage nur popelige Wichte, glaub es mir, Kleiner!"

Benjamin hatte genug gehört, er wurde auf einen Schlag sehr traurig. Dieser Rabe schien seinen Bauern zu kennen.

„Trinken sie deswegen auch Schnaps?"

„Schnaps trinken sie, wenn sie spüren, dass ihnen etwas fehlt. Wenn etwas aus der Tiefe in ihnen aufsteigt und sie, gegen ihren Verstand, an das erinnert werden, was sie wahrhaftig vermissen. Falls sie überhaupt verstehen, was ihnen ihr stilles Sehnen mitzuteilen hat. Es mit Schnaps runterzuspülen, fällt ihnen leichter, als ihr Leben zu ändern."

„Aber warum spülen sie denn Sehnsucht mit Schnaps runter? Die geht doch dadurch nicht weg!" Benjamin spürte Unwohlsein in sich aufsteigen. „Was bedeutet runterspülen?"

„Stilles Sehnen runterspülen! Raah – die glauben ihr Sehnen mit Schnaps in Schach halten zu können. Sie kehren es so lange untern Teppich, bis sie über die Beulen stolpern, aber glauben tatsächlich, dass sie dank ihres Verstandes alles im Griff haben. Bis sie merken, dass der Schnaps sie im Griff hat! So is' das!"

„Das ist aber dumm!" Benjamin war sprachlos. „Sie können doch denken, dann müssen sie das doch wissen! Rabe, kannst du mir sagen, warum mein Bauer ein ganz anderer war, wenn er getrunken hat?"

Der Rabe kratzte sich immer wieder am Kopf, während er schaukelte.

„Alkohol ist ein Gefühlsverstärker und ein Wesensveränderer. Wenn dein Bauer betrunken ist, spürt er seine unterdrückten Gefühle, ohne dass sein Verstand sie bewerten kann!"

„Und warum unterdrückt er seine Gefühle?" Benjamin hatte so viele Fragen.

„Raah, du machst mich fertig! Weil Menschen Denken für clever und Gefühle für blöd halten. Dabei merken sie gar nicht, wie blöde sie denken, denn sonst wüssten sie, dass sie nur mit Gefühlen denken können und clever wären, wenn sie ihre Gefühle verstehen würden. So ist das nämlich! Aber weil sie dafür zu blöde sind, betäuben sie ihre Gedanken – und übrig bleiben unverstandene Gefühle!"

Der Rabe hatte in einem Atemzug geredet. Jetzt begann er zu krächzen. „Statt in der Gegenwart zu sein, also im Augenblick mit ganzem Herzen das zu tun, was zu tun ist, leben Menschen in und aus ihren Erinnerungen. Wenn sie nicht an vergangenen Kummer denken, machen sie sich Sorgen um die Zukunft. Statt diese Gedanken auf ihre ursächlichen Gefühle abzuklopfen, um sie loslassen zu können, betäuben sie sie mit Schnaps oder mit anderem Tinnef. Geht schneller, glauben sie! Und dadurch hängen sie voll im Teufelskreis zwischen Ursache und Wirkung. Kannst du mir folgen?"

„Das war ein bisschen viel auf einmal! Ich weiß noch nicht, ob ich das wirklich verstanden habe."

„Doch, hast du! ... raaahhh ..., weil du ein Esel bist!"

Der Rabe hatte so doll mit einem Fuß geschaukelt, dass er von den Strohlockenabgerutscht war. Nun hüpfte er durch Benjamins Beine und schien seine Unruhe kaum bändigen zu können.

„Und warum versteht es dann der Bauer nicht?"

„Ach, lass es, Kleiner", krächzte der Rabe zu ihm hinauf. „Geh dem Fatzken am besten aus dem Weg, raah! Gutmütige Langohren und machtgeile Wichte, das passt einfach nicht gut; da ziehst du den Kürzeren."

Der Rabe verdrehte den Kopf, flog eine Runde und ließ sich nach einer Weile auf dem Weidenzaun nieder.

„Hast du schon mal Schweine gejagt?", fragte er und klopfte dabei ungeduldig mit dem linken Fuß auf den Zaun. „Da hinten läuft eines, dem zieh ich jetzt den Ringelschwanz lang. Deine Langmütigkeit geht mir auf die Kielfeder."

Das Gespräch zwischen dem Raben und Benjamin hatte eine Rauchschwalbe mit angehört. Nun war sie auf Benjamins Rücken gelandet, um ihm leichter etwas ins Ohr flüstern zu können.

„Hör nicht darauf, was Raben sagen; sie sind schlau, aber sie wissen nichts von dem, was Esel fühlen."

„Wer bist du?", wollte Benjamin wissen.

„Ich bin eine alte Rauchschwalbe, die gerade aus dem Süden zurückgekommen ist. Ich glaube, es wird wohl mein letzter weiter Flug gewesen sein."

Benjamin stellte sich der Schwalbe mit Namen vor.

„Süden, wo ist das?", wollte er wissen.

„Süden ist dort, wo es warm ist! Manchmal ist er weit weg und manchmal ist er direkt hier. Ich bin weit geflogen und habe schon viel gesehen. Esel sind nicht geschaffen, um alleine zu leben. Ich glaube, du bist ganz einfach nur einsam", sagte die Schwalbe, „und Einsamkeit wiegt schwer. Viele meiner Artgenossen fliegen allein im Schwarm, weil man ihre Familien eingefangen hat oder sie ums Leben gekommen sind, aber sie leben mit uns und fühlen sich niemals einsam, denn unter ihresgleichen haben sie keine Angst."

„Meine Familie hat man auch eingefangen, als ich noch ganz klein war", antwortete Benjamin nun. „Meine Eltern wurden auf einen LKW geladen und auf dem Markt verkauft."

„Und dich haben sie ganz allein zurückgelassen? Oh je, das ist schlimm!"

„Ja", schnaufte Benjamin, „das ist sehr schlimm. Vor allem weil ich nicht weiß, wo sie sind. Ich habe so viele Fragen und es werden immer mehr, je länger ich ohne sie lebe."

„Ich möchte dir etwas sagen", zwitscherte sie in Benjamins Ohr, „etwas, dass du wissen musst."

„Jaaa?" Benjamin hatte seine Ohren stramm aufgestellt, als wolle er jedes Wort auffangen.

„Im Süden", begann die Rauchschwalbe, „habe ich viele Esel gesehen, die so aussehen wie du. Es sind sehr fröhliche Esel. Weißt du, was ich glaube, warum sie so fröhlich sind?"

„Weil sie nicht alleine leben!"

„Ja, Benjamin, weil sie nicht alleine sind", wisperte die Schwalbe ihm leise ins Ohr.

„Du musst weiter laufen, Benjamin. Gehe in das Land deines Ursprungs, damit du dich an dich selbst erinnern kannst. Finde heraus, was du wirklich brauchst und wonach du die ganze Zeit gesucht hast."

„Aber wie soll ich ein Land finden, das ich vergessen habe?", schnaufte Benjamin. „Es ist so lange her, dass ich dort war. Ich war noch so klein, kann mich nicht mehr erinnern."

„Du wirst das Land deiner Herkunft erreichen, wenn du der Stimme deines Herzens folgst."

„Wie soll das gehen?" Benjamin verstand nicht, was die Rauchschwalbe ihm zu erklären versuchte.

„Wir Zugvögel kennen die Wirkung der magnetischen Schwingungen. Jeder, der ihrer Fährte folgt, kennt ihre magische Melodie. Diese Schwingungen sind es, die sich im Einklang mit dir selbst befinden müssen. Wenn du deinen Weg gefunden hast, wirst du Freude spüren, die dein Herz zum Singen bringt; dann wirst du wissen, wo dein Zuhause ist. Dort wirst du das Wichtigste lernen, was ein Esel lernen muss."

„Als Esel lernt man zu dienen", sagte Benjamin mit durchgedrückten Vorderläufen und geschwollener Brust.

„Aber Benjamin, ein Esel dient doch nicht so mir nichts dir nichts, ein Esel ist dienlich, weil er seine Stärke kennt. Lass dir das von einer erfahrenen Zugschwalbe zwitschern. Du weißt erst dann, wer du selbst bist, wenn dein Herz voll Freude und dein Kopf voller Ideen ist, Benjamin. Fülle dein Herz mit Liebe, damit du stark wirst und aus vollem Herzen dienen kannst. Volle Herzen laufen über; sie opfern sich nicht. Liebe ist Freude und Freude ist ansteckend; sie kommt zu dir zurück. Lasse dir von niemandem dein Lachen, aber auch von niemandem dein Weinen nehmen. Erst recht nicht von einem alkoholkranken Bauern, der verlernt hat zu leben.

Du wirst eine Quelle finden, in deren Wasser du dich selbst erkennst. Wenn du in ihrer Nähe weinen kannst, genieße es! Tränen löschen zwar nicht den Durst deiner Seele, aber sie öffnen dein Herz. Ich habe schon viel geweint, ich kenne die Bedeutung der Tränen."

Benjamin hatte der Schwalbe gut zugehört, er war nachdenklich geworden, weil er etwas in sich verspürte, das er nicht benennen konnte. Die Erlebnisse des gestrigen Tages kamen ihm in den Sinn. Nur eine Frage drängte jetzt in ihm: „Du kannst weinen?"

„Und wie", erwiderte die Schwalbe, „als ich jung war, habe ich viel geweint. Es waren Tränen, die für andere nicht sichtbar sind, denn ich weine nach innen."

„Ich möchte gerne weinen, wie die Menschen es machen", flüsterte Benjamin.

Die Schwalbe war erstaunt. „Du meinst, mit den Wachstumstropfen der Seele, den salzigen Tränen?"

Benjamin lauschte hoffnungsvoll.

„Das geht nur, wenn du erkennst, was sich hinter dem Leid verbirgt."

„Was verbirgt sich dahinter?", fragte Benjamin.

„Deine Fragen gehen dem Weg, den du gehen wirst, voraus", entgegnete ihm die Schwalbe. „Lausche dir selbst und du wirst das Lachen lernen. Es war schön, dich kennengelernt zu haben, Benjamin. Gehe in das Land deines Ursprungs, damit du dich selbst wiederfindest. Du hast viel von anderen gesehen und gehört und hast dich dabei selbst verloren. Mach's gut, Benjamin."

Mit diesen Worten erhob sich die Schwalbe und war so schnell fort, wie sie gekommen war. Benjamin war völlig verwirrt. Wie sollte er Lachen durch Lauschen lernen und was war das Wichtigste, das ein Esel lernen musste? Er hatte noch so viele Fragen an die alte Zugschwalbe, dabei kannte er nicht einmal ihren Namen.

Benjamin mochte es gar nicht, wenn jemand, den er so gerne mochte, für immer ging oder flog oder schwamm oder wie verdammt noch mal er auf einmal einfach weg war. ‚Jemand, der ein Freund geworden ist, darf nicht einfach so wieder verschwinden!', dachte Benjamin. Schon gar nicht, wenn ihm nicht einmal ein Name zur Erinnerung geblieben war. Er sah der Schwalbe nach. Kaum hatte sie sich erhoben, flog sie Haken und hatte die erste Mücke im Schnabel. Sie flog verdammt schnell, obwohl sie so alt war.

Benjamin hatte gar nicht bemerkt, dass der Rabe wieder auf dem Weidenzaun saß. Nachdem die Rauchschwalbe fort war, besann er sich noch einmal auf diesen blau-schwarzen Vogel. Er saß auf dem Zaun, dicht vor ihm, mit gesenktem Kopf und blinzelte von unten nach oben. „Raah, magst du mich?", wollte er wissen.

„Warum hast du das Schwein gebissen?", fragte Benjamin.

„Ich habe mit ihm gespielt, aber Säue versteh'n ja keinen Spaß", krächzte der Rabe zurück und setzte sich nun einfach auf Benjamins Rücken. „Ich heiße Rudi", krächzte er zaghaft. „Dass deine Eltern verschwunden sind, tut mir leid. Meine sind den Menschen auch ins Netz gegangen. Ich weiß, was für ein vermaledeites Gefühl das ist. Jetzt musst du dir ganz schnell gute Kumpels suchen! Viel hab ich nicht von deinem Gespräch mit der Schwalbe mitbekommen, aber eines kann ich dir jetzt schon sagen, Kleiner. Deine Eltern sind nicht auf einen LKW geladen worden, damit man sie auf dem Markt verkaufen kann. Sie haben sich *ver-*

laden und *vermarkten lassen*, das ist ein riesen Unterschied! Und du hast genau das Richtige gemacht."

„Was habe ich denn gemacht?"

„Du hast nicht rumlamentiert, dich nicht in deinem Unglück gesuhlt, du hast getrauert, gelernt und dich aufgemacht, um deinen Weg zu gehen."

„Und bin bei einem alkoholkranken Bauern hängengeblieben!", entgegnete Benjamin jetzt.

„Ist doch klar, dass so etwas passieren musste!", entgegnete der Rabe. „Wer so früh verlassen wurde wie du, glaubt schnell, dass er sich an jemanden hängen muss, weil er sich alleine nicht für lebensfähig hält. Und ruckzuck wird alles getan, um nicht noch einmal übrigzubleiben. Lass man gut sein, Kleiner, du hast zwar lange gebraucht, aber jeder hat halt sein eigenes Tempo. Du machst das klasse."

Nun saß der Rabe fast auf derselben Stelle, auf der gerade noch die Schwalbe gehockt hatte und schnäbelte mit seinem mächtigen Schnabel den verdutzten Benjamin mit so viel Zartgefühl, dass der nur noch die Augen verdrehen konnte. Benjamins Traurigkeit wurde ganz leicht, bis sie schwerelos davonflog.

Völlig verklärt ließ er sich irgendwann fallen und schlief einfach ein. Er hatte gerade noch hören können, wie Rudi mit einem lauten *Raah* davonflog und zu ihm herunterschrie:

„Ich komm bald wieder vorbei, mein Freund."

> *Wissenschaftler haben festgestellt, dass die Hummel zu schwer ist und zu kurze Flügel hat, um fliegen zu können. Die Hummel weiß das aber nicht und fliegt trotzdem.*
> *Autor unbekannt*

Wochen waren vergangen. Benjamin hatte seitdem weder Rudi noch die Schwalbe wiedergesehen. Er hatte keine Ahnung, wo sie sein konnten. Das Einzige, was Benjamin auf ein Wiedersehen hoffen ließ, waren Rudis Worte: „Ich komm bald wieder vorbei, mein Freund." Doch je mehr Zeit verging, umso öfter fragte Benjamin sich, ob er diese Worte vielleicht nur geträumt hatte. Er war sich nicht mehr so sicher.

Seitdem er Rudi und der Schwalbe begegnet war, hatte er eine Vorstellung von Freundschaft bekommen, die ihn spüren ließ, was er selbst bewirken kann. Eine Art Zugehörigkeitsgefühl durchflutete ihn, wenn er an sie dachte. Benjamin fielen Rudis Worte ein, ‚deine Eltern sind nicht verladen worden; sie haben sich verladen lassen. Das ist ein großer Unterschied!' hatte er gesagt.'

Während Benjamin über Rudis Worte nachdachte, erinnerte er sich, dass er seinen Vater immer als tatkräftig erlebt hatte, seine Entschlossenheit empfand er stets bewundernswert, hatte immer wieder erfahren, dass sich selbst Mutter, seiner Entschlossenheit, gefügt hatte. Hatte er vielleicht Mutters Hilflosigkeit übernommen und sich dem Bauern gefügt, weil er glaubte dadurch geliebt zu werden?

Plötzlich bekamen die Worte des Vaters, mit denen er die Wichtigkeit der freien Entscheidung betont hatte, für Benjamin einen neuen Sinn.

‚Es muss einen sehr wichtigen Grund gegeben haben, sonst hätten meine Eltern sich nicht freiwillig verladen lassen', dachte Benjamin. ‚Er muss so wichtig gewesen sein, dass sie mich dafür zurücklassen konnten.'

Benjamin bemerkte, dass er durch seinen Trennungsschmerz geglaubt hatte, sich Liebe verdienen, um sie kämpfen zu müssen. Nun begann er erstmalig die Sinnhaftigkeit seiner Erfahrungen eigenständig zu reflektieren. Sein Gespür für sich selbst wurde immer feiner.

Auch das Dösen konnte Benjamin nun intensiver nachwirken lassen, wenn er aus seinem inneren Kino wieder aufgetaucht war. Dösen war die Zeit, in der er die Zeit vergaß. Kummervolle Erinnerungen verloren darin ihre Macht. Dösen war die Zeit des Friedens, die der Traurigkeit die Schwere nahm, Angst in Gelassenheit verwandelte, die ihm neuerdings sogar Glücksgefühle in sein Herz zauberte. Benjamin hätte so gerne den Bauern daran teilhaben lassen, weil er wusste, dass es diese Einsichten sind, die niemand mit Alkohol betäuben würde. In der Zeitlosigkeit seines Dösens erfuhr er die Weisheit des Ganzen, die ihm niemals bewusst in den Sinn kam.

Benjamin war weit gelaufen; mittlerweile reiften die Äpfel. Es gab Augenblicke, in denen ihr Duft Erinnerungen weckte, die seltsame Gefühle erzeugten. Dann sah er manches Mal zum Himmel hinauf und wünschte sich fliegen zu können, vergaß in seiner Einsamkeit völlig, dass die Bewohner der Lüfte nicht nur fliegen können, sondern dass sie es müssen, wenn sie überleben wollen. Seine Eltern hatten ihm die Demut vor dem

Leben gelehrt, bei dem Bauern hatte er gelernt, wie grauenerregend es ist, gedemütigt zu werden. Jetzt aber war er frei, das bedeutete Wachstum, eigenverantwortliche Entwicklung nach Eselart. Frei für sein Leben, in dem er den Gehalt seines Märchen erfahren konnte.

Doch immer wieder gab es Augenblicke, in denen er wusste, dass er so frei, wie in den vergangenen Monaten, nicht für immer leben wollte. Wer kann sein Leben schon sein Eigenes nennen, wenn es kein anderes für ihn gibt. Irgendetwas fehlte! ‚Einsamkeit kann auch in der Freiheit unfrei machen', dachte Benjamin. ‚Wenn es jemanden gäbe, der die Freiheit mit mir teilen könnte. Und wenn dieser Jemand sich auch nach Geborgenheit sehnen würde, das wäre schön! Ja, das wäre es', seufzte er.

Jeden Tag, den Benjamin länger unterwegs war, wurde ihm klarer, dass sein Bauer und er nur vorübergehend zusammengepasst hatten. Er hatte Nähe gesucht, genau wie der Bauer. Er hatte geglaubt, dass alles gut wird, wenn er es sich nur gut vorstellte; so wie der Bauer. Und wie der Bauer hatte er vergessen, dass Angst jegliche Vernunft entbehrt, wenn sie Selbstverlust erzeugt. Doch Benjamin hatte durch sein großes Leid gelernt, dass er sich von sich selbst entfernt hatte und dass er sein Leben selbst verändern konnte. Die Liebe, mit der er an seine Eltern dachte, befähigte ihn nun, durch die Kraft seiner Erinnerung, ein tiefes Gefühl von Geborgenheit zu beleben, das ihn jene Freiheit spüren ließ, die Herz und Verstand vereinte. Benjamin konnte spüren, dass er sich besser fühlte, wenn er sich an die warmen Augenblicke seiner Kindheit erinnerte und sich von den negativen befreien konnte. Er begann zu ahnen, dass die Handlungsweisen seiner Eltern und sein Verlusttrauma etwas damit zu tun haben mussten, dass er sich von dem Bauern hatte missbrauchen lassen. Die Worte seiner Mutter, die sie ihm zum Abschied gesagt hatte, empfand er nun als einen wichtigen Meilenstein auf seinem Weg in die Freiheit. Während er sich mit jedem Schritt selbst näher kam, hatte der Bauer das Vertrauen in sich verloren und war mit seinen ungelebten Träumen in die Alkoholsucht gegangen. Der Bauer, der ihn unbewusst gelehrt hatte, dass jeder für sich selbst verantwortlich und dass Angst und Schuldzuweisungen schlechte Berater sind.

Benjamin wusste gar nicht mehr, warum er die Eigenverantwortung gefürchtet hatte. Sie machte ihn jetzt wunderbar eigenmächtig statt ohnmächtig und mit ihr war es um vieles leichter zu leben, als wenn man fremde Erwartungen erfüllen musste.

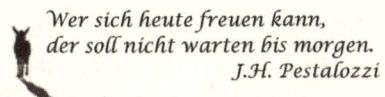
*Wer sich heute freuen kann,
der soll nicht warten bis morgen.*
J.H. Pestalozzi

Neue Wege erkennen wir, wenn wir sie gehen

‚Meine Güte, was für ein tiefer Schlaf', dachte Benjamin, als er erwachte. Die Sonne wärmte sein Fell, als er weiterging, ohne gefressen zu haben. Es war ihm heute so leicht, so angenehm warm. Alles war genau richtig. Die Gänseblümchen bogen sich wiegend im Wind. Er genoss den Anblick dieser Blümchen immer wieder neu; wusste, warum er als Eselfohlen das Gras um sie herum gefressen hatte. Benjamin hatte einen wunderbaren Traum gehabt und es war ihm, als könne er alles umsetzen, was er zu träumen wagte. Etwas Grandioses war in ihm erwacht; etwas, das er selbst in sich erlöst zu haben schien!

Während Benjamin durch die Wiesen an einem Wald vorbeitrottete, hörte er das Röhren der Hirsche. Er sah von Menschen gezähmte Pferde, die gelangweilt auf einem matschigen Acker standen. Nein, mit denen hätte er nicht tauschen wollen. Die Vögel sangen in den Bäumen, deren unzählige Grüntöne im Sonnenlicht leuchteten. ‚Ach, ist das Leben schön', ging es ihm durch den Sinn. Hier und da fraß er ein bisschen Klee, frische Kräuter oder ein wenig Rinde. Er brauchte keine vorbestimmten Frühstückszeiten im Dunst alter Gemäuer, die ungute Erinnerungen an Lieblosigkeit weckten. Viel mehr als diese Struktur genoss Benjamin nun seine Spontanität im Leben mit der Natur, die ihre eigene Ordnung hatte. Er hörte die Vögel singen, ließ sich vom Duft der Blumen betören und der Wind blies ihm ins Fell, als ob er ihn spüren lassen wollte, dass er lebt und immer lebendiger wird. So empfand es Benjamin gerade und dabei wurde er, wie durch einen inneren Zauber, von Leichtigkeit geführt, als in ihm, wie durch den Hauch einer anderen Sphäre, eine zarte Melodie erklang, die nur er hören konnte und nach der er zu tanzen begann. Benjamin fühlte sich in derselben Intensität so selig leicht, wie er sich in früheren Tagen mehlsackschwer gefühlt hatte. Er erlebte körperliche Veränderungen, wachsende Energie, spürte immer deutlicher die Fülle seines Lebens, indem er jedes Teil, dieses großen Ganzen zu lieben begann.

Er wusste, dass der Weg zu ihm selbst etwas damit zu tun hatte. Jede Erfahrung hat ihre Zeit! Benjamin nutzte sie, statt sie zu messen. Er war ein erfahrener Esel geworden.

Jeden Tag, den er selbstständig meisterte, wuchs auch seine körperliche Kraft. Er bekam kräftige Muskeln, wurde stark und stärker. Er schäumte an manchen Tagen vor Energie fast über, konnte seine Freude am Leben oft nur schwer bändigen. Immer häufiger war er so glücklich, dass er davon abgeben wollte. Dann konnte er spüren, dass er nicht mehr geneigt war, das zu geben, was ihm selbst fehlte, sondern dass es der Wunsch nach Teilhaben-Lassen war, der ihn beflügelte. Er konnte nun an den Bauern denken, ohne Angst zu verspüren. Dachte daran, dass der Bauer Haus und Hof versäuft, weil er fürchtete, Haus und Hof nicht halten zu können. ‚Menschen handeln manchmal wirklich seltsam, wenn sie Angst haben', dachte Benjamin dann, ‚als ob sie nicht wüssten, dass Angst dumm macht.' Der Bauer, der der Einsamkeit entkommen wollte, hat sie durch sein Suchtverhalten selbst heraufbeschworen. Einmal hatte er zu Benjamin gesagt, er habe seine Liebe verloren. Wie kann Liebe verloren gehen? Benjamin hatte oft darüber nachgedacht, wenn sein Bauer immer und in allem nach Schuld suchte und sich anschließend immer wieder selbst schuldig fühlte. Das ist doch einseitig! – Warum hat er das getan? War Schuld ihm als einziger Maßstab geblieben? Konnte er Liebe vielleicht nur über Leistung, nur über seine eigenen Erfahrungen definieren oder erinnerte sie ihn gar an Verlust? Benjamin wusste es nicht, aber der Bauer tat ihm leid. Er tat ihm von Herzen leid, aber er litt nicht mehr mit ihm. Der Bauer musste eine komische Einstellung zu seiner Einsamkeit haben, wenn er dem Verlangen nach Schnaps lieber nachkam als dem Verlangen nach seiner Familie.

Leichthufig ging Benjamin weiter; die Schmetterlinge flogen gelb und weiß in Augenhöhe; Benjamin beobachtete eine Ameisenstraße und wie viel Emsigkeit dort herrschte. Ein Igel schlief seitlich vom Weg; Bienen ließen sich in roten Bechermalven nieder. Er ruhte sich unter einer alten Eiche aus, um in ihrem Schatten dem Gesang des Windes in Blättern und Ästen zu lauschen. Sein Blick wanderte in die Ferne, er sah kleine weiße Wölkchen am Himmel kommen und wieder verwehen.

Benjamin döste, ach, er döste so gerne.

Wie lange er da so gesessen hatte, wusste er nicht. Die Sonne war bereits gen Süden gezogen, als sich eine kleine weiße Wolke, in Form eines Esels, genau über Benjamins Kopf befand. ‚Oh, komm doch zu mir', dachte Benjamin zu ihr hinauf, ‚ich bin so allein hier unten', doch das kleine weiße Wölkchen lockerte sich im Wind und wurde sanft schwebend verweht. Benjamin kamen die Worte der Rauchschwalbe in den Sinn: „Ich glaube, du bist ganz einfach nur einsam", hatte sie ihm gesagt. ‚Wie viel schöner wird es sein, wenn ich nicht mehr allein bin', freute sich Benjamin, ‚jedenfalls nicht immer. Warum macht Einsamkeit manchmal so schwere Beine?', dachte er, als er aufgestanden war, um weiter zu gehen. ‚Wenn ich erst zu Hause bin', schoss es ihm durch den Kopf, ‚wenn ich angekommen bin, dann werde ich dort auch einen Esel finden, der so fröhlich ist wie Rudi und so weise wie die Schwalbe.'

‚Ich muss weitergehen, sofort!' Benjamin ging, von seiner eigenen Energie überwältigt, schneller als gewohnt und machte sich entschlossen auf den Weg zu einem Ziel, das er nicht zu kennen glaubte, von dem er nicht wusste, wie nah er ihm bereits war. Jeden Tag war er sich selbst etwas näher gekommen, fühlte sich jeden Tag eselhafter, benjaminhafter, selbsthafter, fühlte sich als Teil von etwas, das ihn ganz sein ließ.

Sein Weg hatte ihn durch viele Wiesen, Äcker, Wälder, kleine Ortschaften, Hügel- und Weidelandschaften geführt, er hatte aus brackigen Tümpeln, aus Pfützen, sprudelnden Quellen, kühlen Bächen und tiefblauen Seen getrunken, doch was er jetzt zu sehen bekam, war etwas Anderes. In der Ferne sah er einen Tannenwald. Es musste ein großer Wald sein, ein riesiger! Benjamin konnte diesen besonderen Duft, den große Wälder verströmen, bereits riechen. Er bekam Herzklopfen vor Aufregung; rannte so schnell wie nie, sein Atem dampfte, als er angekommen war. Der Weg führte jetzt steil bergauf. Nun würde es langsamer vorangehen, aber dafür nach oben! Benjamin folgte dem neuen Weg in seinem eigenen Tempo.

Es roch nach warmer Erde, die viel Gutes wachsen lässt, dann stieg ihm der Duft von Nadeln und Zapfen in die Nase. Der Wald zog sich über ausladende Anhöhen weitläufig dahin, bis er Benjamin in eine Gebirgslandschaft führte, die ihn seltsam vertraut anheimelte. Es war ihm, als ob er hier schon gewesen sei, als ob der Wald ihm eine Geschichte erzählte. Eine Geschichte, die wie Geborgenheit anmutete. Und doch bewirkte der Geruch von Tannen und Fichten einen Zustand, in dem er zwischen Ruhe und Euphorie hin und her schwang. Tannenzapfen gehören nicht zu den Leibspeisen eines Esels. Doch als Benjamin einen kleinen Tannenzapfen vorsichtig zwischen seinen Zähnen zermalmte, war es ihm, als ob er träumte. Der Geruch, der ihm beim Kauen durch Gaumen und Nase zog, warf ihn fast zu Boden. Eine unbeschreibliche Flut von Wärme und Gelassenheit durchströmte ihn im Rausche seiner Erinnerungen, die ihn ganz ausfüllte und die er nicht zu beschreiben vermochte.

‚Warum singt mein Herz?', fragte sich Benjamin, der tief in sich wieder diese Melodie spürte, die ihn so selig stimmte. Seitdem er sich auf den Weg gemacht hatte, gab es zahlreiche wundervolle Augenblicke. Doch das hier war etwas völlig anderes. Er kannte dieses Gespür, aus dem Eselweisheiten entstehen.

Er hatte nach vielen Monaten der Wanderung jene Berge erreicht, die ihn durch gewaltige Massive beeindruckten und die nicht mehr zu jenem Land gehörten, in dem er sich bei einem Bauern verloren hatte. Benjamin nahm den Geruch, den Klang, das Licht der Gebirgslandschaft wahr; alles schien ihm so vertraut, er genoss es, bergauf zu gehen. Sein *Ia* machte ihm hier besonders viel Freude. Es kam an manchen Stellen als Echo zurück, sodass er sich selbst viel leichter verstehen konnte. Er wusste noch nicht genau, warum es so war, doch dass er angekommen war, das wusste er. Es war das Land seines Ursprungs, in dem er spüren konnte, wie es ist, neu geboren zu werden, und wie gut es tut, Vertrauen zu haben. Es war ihm, als ob sich ein Kreis geschlossen hätte, dessen Mitte er war.

Doch was war das? Plötzlich und unverhohlen hörte Benjamin eine Stimme! Er erschrak! Was war das für eine Stimme, die in seinem Inneren sprach? Wessen Worte konnte er da hören?

Erinnerungen stiegen auf, die er lange unbewusst verdrängt hatte. Es war die Stimme seines Vaters. Klar und deutlich, wie in diesem Augenblick gesprochen, hörte er ihn zu Mutter sagen: „Lass den Jungen los! Du hängst an dem Kleinen wie eine Glucke! Esel, die etwas aus sich machen wollen, müssen sich vermarkten lassen! Wir haben uns nun lange genug um den Kleinen gekümmert, haben schließlich auch noch ein eigenes Leben. Benjamin kommt ohne dich wesentlich besser zurecht. Du verzärtelst ihn nur. Deine Gefühlsduselei musst du endlich einmal abstellen! Geld regiert die Welt, Freiheit muss schließlich bezahlbar sein!"

Mutter hatte sich weinend von Benjamin gelöst und sich widerstandslos verladen lassen, um einem Mann zu folgen, dessen Lebenssinn nicht der ihre war.

Warum hatte Benjamins Unterbewusstsein diese Worte so lange für sich behalten, waren sie vielleicht so schmerzhaft gewesen, dass er sie erst jetzt ertragen konnte? Warum war es seinem Vater so wichtig, dass etwas aus ihm wurde? Er war doch etwas geworden; war er sich denn nicht genug? Warum beleidigte er Mutters Liebe, hielt er sie etwa auch für Dummheit? Hatte er vielleicht keinen Respekt vor ihr, weil er wusste, dass er Entscheidungen traf, die nicht ihre waren und sie sich dennoch fügte? Warum hatte er gesagt, dass es Benjamin ohne Eltern besser ginge, hatte er geglaubt, dass es ihm ohne Benjamin besser geht? Plötzlich gab es so viele Fragen. Ach, wenn er seine Eltern doch nur fragen könnte. Er konnte es nicht!

Benjamin kam die Schwalbe in den Sinn und er verstand sie plötzlich Wort für Wort. Das, was ihn hierher getragen hatte, dem wollte er sich hingeben, ohne viele Fragen zu stellen und ohne alles verstehen zu müssen. Er lehnte sich an einen Baum und genoss, nach seinem langen Aufstieg, den weiten Blick auf unverstellte Perspektiven bis ihm die Augen zufielen – einfach so.

Der Schlaf war ihm nicht lange vergönnt; Benjamin erwachte durch lautes Schnaufen und Stöhnen. Der Platz, an dem er sich schlafen gelegt hatte, lag nun im Schatten, die Sonne stand bereits im Westen, dunkle Wolken waren aufgezogen; es fröstelte ihn.

Da sah er den Grund seines Erwachens. Es war ein ärmlich gekleideter Mann, der einen Esel den Berg hinaufführte. Er hatte das arme Tier so voll bepackt, dass Benjamin nur noch Kopf und Beine von ihm sehen konnte.

„Hey", rief Benjamin zu dem Esel hinüber, „du schleppst so viel, dass man dich kaum noch sehen kann, du kriegst ja fast keine Luft mehr."

Doch der Esel, der Mühe hatte, auf den Beinen zu bleiben, reagierte nicht auf Benjamins Rufen. Er schleppte stöhnend die viel zu schwere Last.

„Bist du verrückt?", rief Benjamin. „Ich habe auch mal mit einem Bauern gelebt, der mich zum Packesel gemacht hat."

Traurig sah der Esel zu Benjamin herüber, langsam ging er an ihm vorbei. Der Mann spornte seinen Esel zum schnelleren Gehen an. Benjamin konnte gerade noch hinter ihm herrufen: „Er nutzt dich aus! Er gehört zu den Menschen, die Esel für dumm halten, darum lässt er dich viel zu schwer tragen. Das ist kein Eselleben! Unternimm etwas! Wirf die Last ab und komm mit mir!"

Die beiden waren vorübergezogen, doch das Schnaufen und Stöhnen des kleinen Esels hallte noch in den Bergen, als sie für Benjamin schon lange nicht mehr sichtbar waren. Gefühle stiegen in ihm auf, innere Bilder und Gerüche; Benjamin hätte weinen mögen! Dann stieg aus tiefer Trauer blanke Wut, wo sonst nur Mitgefühl gewesen war. In den vergangenen Tagen hatte er einige solcher Bilder zu sehen bekommen, die seine liebevolle Eselseele verdunkelten, doch nach diesem Erlebnis verstand er die Welt nicht mehr. Wie sollte er hier Esel finden, die so waren wie er, die sich einfach zu ihm gesellen wollten, um in Freiheit beisammen zu sein? Benjamin fühlte sich müde, nicht müde in den Beinen, nein, so eine Müdigkeit war es nicht. Es war sein Herz, das müde wurde, wenn er an Eselfreundschaft dachte, dabei war er gerade mal fünf Jahre alt geworden.

Nun begann es auch noch zu regnen. Benjamin beschloss, einen Unterschlupf zu suchen, ein paar Tage zu rasten, sich und die Umgebung eine Weile auf sich wirken zu lassen, um ganz ankommen zu können.

Erst hatte es nur leicht geregnet, dann schüttete es plötzlich wie aus Eimern. Ein Gewitter zog auf, das sich in kürzester Zeit so gewaltig entlud, dass Benjamin sich sehr erschrak. Seine Furcht wurde so stark, dass er zur Tatenlosigkeit erstarrte. Gewitter im Hochgebirge; wie schutzlos er doch war, wie klein, wie allein. Benjamin spürte den Donner, einschließlich des Echos, nicht nur in seinen erstarrten Beinen, er fühlte ihn in jeder einzelnen Haarspitze seines nassen Fells vibrieren. Das konnte nichts Gutes sein, das hier war gefährlich; er wusste es! Auch waren seine Hufe nicht für so einen glatten Untergrund geschaffen. Was seine Eltern wohl in solchen Situationen gemacht hatten? Seine Beine fanden keinen festen Stand auf dem immer rutschiger werdenden Felsboden des schmalen Weges, sodass er stark dagegen anzukämpfen hatte, in die Tiefe zu rutschen. Nun begann es auch noch zu dämmern, bald würde es dunkel sein, und er wäre verlassen in der Wildnis. Irgendetwas musste er tun! Aber was? Außer ein paar harmlosen Regenschauern und ab und zu einigen kurzen Durststrecken, hatte er auf seinem Alleingang nichts Dramatisches hinnehmen müssen, das ihn in irgendeiner Weise zur Umkehr hätte bewegen können. Jetzt aber hätte er sich gerne vor dem Bett des Bauern schlafen gelegt.

‚Schlafen? Schlafen!' Was für eine gute Idee. Wer sucht, der findet. Doch wer nicht weiß, was er sucht, kann leicht an seinem Glück vorbeilaufen, muss manchmal mit der Nase darauf gestoßen werden. Der Donner kam von rundherum und schien doch genau über ihm zu sein, nachdem ein Blitz ein paar Meter vor Benjamin in einer verdorrten Kiefer eingeschlagen war. Der Schock fuhr ihm bis in die Gedärme. Benjamin spürte, dass es nicht der Regen war, der ihm an den Hinterbeinen hinunterlief. So etwas war ihm noch nie passiert.

Es schüttelte ihn vor Angst, als seine Augen das Gelände nach dem absuchten, was er im Schein des Blitzes wahrgenommen hatte. Da sah er sie! Schräg unter ihm lag eine Grotte in einer Felsnische versteckt. Schwierig, dort hinzukommen, aber nicht unmöglich.

Der Schock verschaffte ihm augenblicklich ungebremste Energie. Halb gerutscht und halb gegangen hatte Benjamin Zuflucht gefunden, bevor die Dunkelheit völlig über ihn gekommen war. Das war gerade noch mal gut gegangen. Benjamin konnte nicht glauben, was er erlebt hatte und was er gerade sah. Im Eingang der Grotte schimmerte es grün. Völlig erschöpft, aber unendlich dankbar, ließ er sich auf das fast trockene Moos fallen. Er befand sich in einsamer Höhe, bettete sich moosweich, aber fror erbärmlich.

Zwei Tage und zwei Nächte hatte es durchgehend geregnet und immer wieder gewittert, sodass Benjamin sich nicht aus seiner schützenden Grotte herausgewagt hatte, die er mittlerweile eher als Verlies empfand. Es ging ihm zunehmend schlechter – körperlich und auch mental! ==Je schlechter es ihm ging, umso mehr schlichen sich Fragen in seine Gedanken, die destruktive Antworten beinhalteten.== Warum waren seine Eltern nicht weggelaufen, bevor sie verladen worden waren? Sie hatten ihn einfach zurückgelassen, widerstandslos; obwohl er noch so klein gewesen war! Warum hatte Mutter sich nicht für ihr Fohlen eingesetzt? War er es denn nicht wert gewesen? Sie hatte oft zu Benjamin gesagt, dass er ihr größtes Glück sei und er hatte sie stets glücklich machen wollen, hatte sich für ihr Glück verantwortlich gefühlt! *Verladen* und *vermarktet* haben sie sich lassen, statt ihm zu zeigen, was es bedeutete ein Leben in Freiheit zu leben und wie man es meistern kann! Haben sie denn geglaubt, dass Esel dazu bestimmt sind, sich vermarkten und vielleicht sogar verramschen zu lassen. So dumm können sie doch nicht gewesen sein!

Benjamins Gefühle schwankten zwischen Sehnsucht, Enttäuschung und Selbstmitleid, zwischen Liebe und Angst. Er bemerkte, dass sich seine negativen Gedanken verselbstständigten, dass er immer weniger um seine Eltern, als um sein verlorengegangenes Märchen trauerte, das er leben wollte. Er wollte die Liebe zu seinen Eltern nicht hinterfragen, sich nicht in Fehlersuche und Schuldzuweisungen verlieren; er wollte Klarheit! Benjamins Stimmung schlug in eine trotzige um; energiegeladen stand er auf und wusste in diesem Augenblick, dass jeder sein Märchen selbst finden musste, dass er sein Märchen selbst finden musste, um es zu seiner eigenen Geschichte zu machen – und das wollte er auch!

Nun schien der Albtraum, so plötzlich, wie er gekommen war, auf einen Schlag vorbei zu sein. Es war Morgen; die Sonne schien wieder herrlich warm, obwohl Benjamin unterwegs die ersten Kastanien im Gras entdeckt hatte, die den nahenden Herbst ankündigten. Das frühe Sonnenlicht zauberte die herrlichsten Lichteffekte und verwandelte die Wassertropfen zu einem Glitzermeer auf glänzendem Gestein zwischen dem nassen Grün.

„IIaa" – Meine Güte, wie schön war es, endlich angekommen zu sein.

„IIaa", tönte es dreifach zurück. ‚Was für eine grandiose Stimme', dachte Benjamin. ‚Niemals hätte ich das vor dem Bett des Bauern herausgebracht.'

Dass seine Stimme im Land seines Ursprungs so gewaltig geworden war, dass sie dreifach zurücktönte, faszinierte Benjamin ganz besonders.

Wie war er vor zwei Tagen nur in diese Grotte gekommen? Er konnte nicht begreifen, wie er das geschafft hatte. Es war schwere Arbeit und dauerte den halben Vormittag bis Benjamin endlich mit allen vier Beinen völlig erschöpft wieder auf dem Weg stand. Langsam und bedächtig trottete er weiter, um seinen

Weg bewusst zu erkunden. Seine Neugierde siegte über die Müdigkeit.

‚Ob hier wohl Esel leben?' Er konnte es sich fast nicht vorstellen. Benjamin wollte echte Esel finden und nicht seine Zeit mit fremdbestimmten Möchtegern-Mulis vergeuden oder mit Packeseln, die sich keuchend einen Berg hochjagen ließen. Egal, warum diese Esel fremdgesteuert handelten, mit einem eselgerechten Leben konnte das nichts zu tun haben. Er war in dem Land seines Ursprungs angekommen, konnte sich wieder ganz spüren, war bereit, für alles so offen wie damals zu sein. Nur, dass er sich jetzt dessen völlig bewusst war.

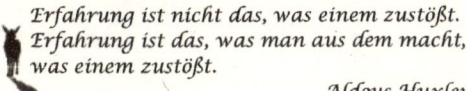

*Erfahrung ist nicht das, was einem zustößt.
Erfahrung ist das, was man aus dem macht,
was einem zustößt.*

Aldous Huxley

Teil 3

Bewusstwerdung

Er war wohl einige Stunden gelaufen und war weiter gekommen, als er es vorgehabt hatte. Glocken hatten ihn wie von Zauberhand hierher gerufen. Es war ein Glockengeläut, von dem er dieses Mal sicher wusste, dass es weder das eines Esels noch das einer Kirche war. Da tat sich plötzlich und unverhohlen ein herrliches Plateau vor ihm auf.

Eine saftige Wiesenlandschaft lag duftend und leuchtend vor ihm. Es war eine Almweide wie in seinem persönlichen Märchen. Zahlreiche Kühe weideten an sattgrünen Hängen, und das Geläut ihrer Glocken hallte in Benjamins Herzen wider. Wiederkäuend lagen sie zufrieden schnaufend im Gras. Was für eine Idylle, pures Glück. Eine Viehtränke gab es hier auch. Es roch nach süßem Gras und frischem Quellwasser. Ja, von so einem Paradies hatte seine Mutter ihm oft erzählt. Er war tatsächlich angekommen! Sein Märchen, das so lange in ihm geschlummert hatte, das seine Träume ausgemacht und ihn angetrieben hatte, sein Märchen, das er spüren konnte, wenn er zu dösen begann; jetzt war es wirklich und wahrhaftig zu seiner Lebensgeschichte geworden. Unverkennbar; die ersten Kapitel waren geschrieben! Er hatte sein Märchen wahr werden lassen, das wurde Benjamin in diesem Augenblick zum ersten Mal in seinem ganzen Ausmaß bewusst. ‚Wer kein eigenes Märchen hat, kann auch keine klaren Vorstellungen entwickeln, wie er zu leben wünscht', dachte Benjamin und trottete gedankenverloren auf neuen Wegen.

Nun bekam Benjamin plötzlich die Kraftanstrengung der vergangenen Tage in jedem seiner Knochen zu spüren. Alle Anspannung war von ihm abgefallen. Er war mit einem Mal so unbeschreiblich müde, dass er sich, einfach so und völlig selig, dort fallen ließ, wo er gerade stand. Er schlief auf der Stelle ein, ohne vorher von dem frischen Quellwasser getrunken zu haben.

Als er erwachte, lag die gesamte Almweide in leuchtend weißem Nebel, der die ersten Sonnenstrahlen brach; ein zauberhaftes Bild war das. Friedlich und heimisch fühlte sich Benjamin, dem Himmel so nah. Es war ihm, als ob die Kühe sich seit gestern nicht von der Stelle bewegt hätten, fast so, als ob er das alles träumte. Einige Glocken waren zu hören. Ihr ganz spezielles Geläut schwang durch Benjamins Gemüt und weckte in ihm wohlige Kindheitsgefühle von Geborgenheit und Freiheit. Er befand sich tatsächlich direkt im Paradies!

Meine Güte, war er durstig, wie hatte er das vergessen können? Er brachte nicht einmal ein anständiges *Ia* heraus.

Völlig ausgetrocknet und taumelnd vor Glück, torkelte er zur Tränke, um durch das kühle Quellwasser sein Gespür von erfülltem Leben ganz bewusst zu genießen.

„Frisches Gras und reines Quellwasser ist doch das Beste, was es gibt", raunte er vor sich hin und trank von dem frischen kühlen Quell mit solch innigem Genuss, dass alles um ihn herum im Nebel verschwand.

Er bemerkte nicht, dass sich ihm ein Stier mit grimmiger Miene näherte. Bis er aus heiterem Himmel einen so kräftigen Stoß von hinten bekam, dass Benjamin ungebremst mit dem Kopf komplett in der Tränke landete. Der Stier stand schnaufend vor ihm, als Benjamin seinen Kopf trocken schüttelte.

„Das ist unsere Tränke! Hier haben streunende Esel nichts zu suchen. Herumtreibendes Gesindelpack, Nichtsnutze seid ihr", brüllte er mit drohender Gebärde, sodass Benjamin vor lauter Schreck keinen Ton heraus bekam. Die grasenden Kühe waren aufmerksam geworden und tuschelten untereinander. Benjamin verstand überhaupt nicht, was los war. Warum war der so aggressiv? Er wollte doch nur etwas Wasser trinken!

„Los, hau ab, du stinkender Dreckskerl! Hier hat alles seine Ordnung; das hier ist eine Almweide für geprüfte Rinder, da haben Nichtsnutze wie du nichts zu suchen!"

Wieder bekam Benjamin einen so kräftigen Stoß, dass er das Gleichgewicht verlor und ins Taumeln kam. Die umstehenden Kühe bogen sich vor Lachen.

„Der ist zu blöd, sich zu wehren", riefen sie ihm hinterher, als Benjamin schwankend die Weide verließ.

Es war ihm gerade so gelungen, sein Bedürfnis nach Wasser zu stillen.

Benjamin verkroch sich hinter den erstbesten Bäumen, blieb wie gelähmt stehen, um still vor sich hin zu starren. Einfach nur bergab durch die Bäume zum Horizont starren, ganz ohne Regung, ...

... ganz ohne zu dösen.

> *Das Böse kann nicht mit der ganzen Seele getan werden; das Gute kann nur mit der ganzen Seele getan werden.*
>
> Martin Buber

Wo das ICH zum DU wird

„Raah, raah – guck mal an", krächzte Rudi von einem Baum herunter, „der bläst schon wieder Trübsal." Dann ließ er sich, kopfüber, an einem Ast schaukeln und drehte einen Salto nach unten.

„Na, Kleiner, haste wieder was aufs Maul gekriegt?"

„Rudi, Rudi!", rief Benjamin, wie aus einem bösen Traum erwacht. „Oh, wie freue ich mich, dass du endlich wieder da bist. Wo warst du denn so lange und wie bist du hierhergekommen?" Benjamin war außer sich vor Freude.

„Geflogen, das hättest du jetzt nicht gedacht, raah? Ich nutze nämlich meine Fähigkeiten im Gegensatz zu dir. Da hast du endlich Muckis wie ein richtiges Muli gekriegt, hast es geschafft dich alleine durchzuschlagen, statt dir ein paar anständige Kumpels zu suchen, wie ich es dir geraten habe. Kommst ohne Saufen und Fressen durch die Alpen, zeigst 'nem verblödeten Packesel, wo es lang geht, überlebst sogar Blitz und Donner in der Steilschlucht und dann lässt du dich von so einem wild gewordenen Hornochsen in die Walachei verschlagen! Mannomann, das war vielleicht 'ne Nummer! Bist du eigentlich völlig meschugge?"

„Na, das ist vielleicht eine Begrüßung! Was hätte ich denn tun sollen?", stieß Benjamin hervor.

„Kumpels, Kleiner! Kumpels!", krähte Rudi aus voller Kehle.

„Warst du die ganze Zeit in meiner Nähe, ohne dich zu zeigen, Rudi? Oh, wie hab' ich dich vermisst und die Rauchschwalbe habe ich auch nicht wiedergesehen!"

„Ich weiß, Kleiner. Ich hab doch gesagt, ich komm bald wieder vorbei, mein Freund! Schon vergessen? Ja, ich war die ganze Zeit in deiner Nähe. So was wie dich kann man doch nicht einfach alleine lassen. Was denkst du denn?"

Benjamin hielt inne. Er spürte augenblicklich eine entscheidende Veränderung. Konnte spüren, wie etwas in ihm anders wurde. Er war von einer Sekunde auf die andere in der Lage, etwas aufzunehmen, das neu für ihn war und das er doch so gut kannte, das er immer gesucht hatte. In diesem Augenblick hatte er von Rudi das wunderbarste Geschenk empfangen.

Es war die Erfahrung, dass Worte nur eine winzig kleine Facette dessen sind, was eigentlich geschieht. Benjamin war sprachlos in seiner Seligkeit, so einen Freund zu haben. Langsam näherte er sich dem Ast, auf dem Rudi saß und leckte ihm ganz behutsam seinen Nacken. Rudi rührte sich nicht von der Stelle, er drehte nur nach einer Weile verlegen seinen Kopf und sah Benjamin von unten nach oben schräg an. Benjamin und Rudi standen sich jetzt ganz nah. Sie sahen sich so tief in ihre liebenden Augen, dass sie in das Wunder des Einsseins tauchten und für Sekunden alle Unterschiedlichkeiten aufgehoben hatten. Hätte irgendjemand diesen Augenblick wahrnehmen können, so hätte er gespürt, wie viele ungesagte Worte die Zärtlichkeit der Seelen erzählte.

Rudi hob den Zauber des Augenblicks auf, indem er Benjamin kurz ins Ohr zwickte. Er wusste, dass tiefes Empfinden sich nicht in der Zeit verfangen darf, wenn es bleibend sein soll. Er ging zurück zum Thema.

„Der Hornochse muss gehörig eingeseift werden. Alles paletti?"

„Oh ja." Benjamin wusste, worum es ging. Er ließ sich von Rudi aus der Rührung in die Begeisterung führen.

„Aber wie? Der ist stärker als wir!"

„Soll ich dir zeigen, wie das geht?"

„Was hast du vor?" Benjamin wurde etwas unruhig.

Rudi kratzte sich mit dem rechten Bein am Hinterkopf.

„Dem hack ich jetzt ein Auge aus, das wird 'ne Nummer, so eine hast du noch nicht gesehen."

„Waaas?", rief Benjamin. „Du kannst dem Stier doch nicht einfach ein Auge aushacken. Der trampelt dich tot!"

„Und ob ich das kann, das kannst du dir an deinen vier Hufen abklavieren! Der Stier hat die gleichen Allüren wie Menschen, die Gutmütigkeit ausnutzen. Wenn sie deine Stärke nicht fürchten, halten sie dich für blöde. Ich habe einen Esel zum Freund und den lasse ich nicht als stinkenden Dreckskerl bezeichnen, und ich sehe auch nicht zu, wie ihm Gewalt angetan wird!"

„Aber Gegengewalt ist eines Raben nicht würdig. Fällt dir nichts Besseres ein?"

„Ach, lass dich doch begraben!" Rudi schien enttäuscht. „Du kannst doch mit Rindviechern nicht über Würde reden, die ist ihnen doch genommen worden!"

„Aber wir können sie daran erinnern!", antwortete Benjamin, ohne dass er lange nachgedacht hatte. „Du bist mein bester Freund, Rudi. Ich weiß, dass du dich für mich ärgerst. Aber wenn du dem Stier ein Auge aushackst, dann wird er anschließend zur Schlachtbank geführt. Das kannst du nicht wirklich wollen."

„Ich kann aber so tun als ob, raah! Das wird ein Auftritt, kannst du mir glauben. Rindviechern einen Denkzettel verpassen, macht unheimlichen Spaß. Da denkst du noch dran, wenn du kein Stroh mehr beißen kannst." Rudi flog vom Ast herunter und schaukelte jetzt an Benjamins struppiger Schwanzspitze. „Ach, und der Schwalbe, die sich einfach vom Acker gemacht hat, sag ich auch noch Bescheid, die kriegt was zu hören!"

Benjamin war so glücklich, dass Rudi wieder da war. Aber seinen Schwanz zum Schaukeln benutzen, das ging zu weit.

„Lass das, Rudi, ich kann das nicht haben." Benjamin war wirklich sauer.

„Guck mal an, ich find das klasse." Rudi schaukelte noch heftiger als vorher.

Benjamin wurde jetzt richtig wütend. Er schlug seine Hinterläufe hochkant in die Luft, und Rudi flog auf seinen Kopf.

„Geht doch, geht doch, raah! Warum nich' gleich so, Kleiner?", krächzte er und ließ sich nun auf dem Kopf des Esels nieder.

Benjamin wusste nicht, was los war. Er war so wütend wie noch nie in seinem Leben. „Und sag nicht immer Kleiner zu mir!", schrie er Rudi an.

Schnaufend schüttelte er Rudi von seinem Kopf.

„Warum bist du so bescheuert zu mir? Ich könnte platzen vor Wut."

„Jau, das ist klasse, raah! Genau so eine Wut musst du kriegen, wenn du von so einem Hornochsen hochgenommen wirst. Wenn du dir alles gefallen lässt, hat das nichts mit Würde zu tun! Hast du das jetzt auf der Pfanne? Immer wenn du merkst, dass dir einer so pampig kommt, dann denke an die Wut, die du jetzt hast. Die ist klasse, Kleiner. Verstehst du das? Und jetzt hör auf, Quark zu reden, raah. Ich muss jetzt für den Hornochsen auf Draht sein."

Rudi ließ sich wirklich nicht klein kriegen. Er war ein helfender Freund, obwohl Benjamin ihn angeschrien hatte. Das war eine neue Erfahrung! Oh, wie liebte Benjamin ihn.

„Bist du für die Attacke bereit?", wollte Rudi wissen.

Benjamin hatte noch nicht ja sagen können, da ertönte plötzlich, von allen Seiten gleichzeitig, ein schrilles Gekrächze am Himmel und im Nullkommanichts flogen an die zwanzig Raben über ihn hinweg.

Sie landeten genau vor Benjamins Vorderläufen. Wo die auf einmal herkamen, war ihm schleierhaft.

„Das ist gewieft, raah? Meine Kumpels sind auf Draht!"

Was Benjamin jetzt zu sehen bekam, war für ihn unfassbar. Die Kühe ahnten wohl nichts Gutes, denn sie hatten sich weit hinter die Tränke zurückgezogen, nur der Stier stand allein in Reichweite. Er schien völlig unbeeindruckt von dem Getöse und blickte gelassen herüber. Wollte wohl den Helden spielen! Doch als die Schar der blau-schwarzen, mächtigen Kolkraben sich erhoben hatte, um ihn mit lautem Geschrei im Sturzflug anzugreifen, bockte, trampelte und brüllte er schäumend vor Wut. Während die Kühe bereits die Flucht ergriffen hatten, schien der Stier nun unter Schock zu stehen. Die Raben, die ihn gerade noch in Todesangst versetzt hatten, hatten sich um Benjamins Beine versammelt und krächzten drohend zu dem Stier hinüber. Rudi hatte sich auf Benjamins Rücken platziert, als der Stier langsam zur Besinnung kam. Von heute an würde er für immer wissen, dass Benjamin Freunde hat, die eine Sprache anwenden können, die selbst Rindviecher verstehen. Bevor Benjamin in irgendeiner Weise reagieren konnte, war der ganze Spuk vorbei. Auf einen Schlag waren alle Raben verschwunden. Auch Rudi!

Benjamin war fassungslos. Dann wurde er wütend, weil Rudi einfach so verschwunden war, ohne ein Wort, auf das er sich hätte verlassen können. Erst als Benjamin sich an den Augenblick der Verbundenheit erinnerte, begann er zu akzeptieren, dass Rudi anders war als er und dass er anders sein durfte. Doch er vermisste ihn entsetzlich. Das war wirklich schwer auszuhalten für Benjamin. Immer wieder blickte er zum Himmel hinauf, immer wieder tat es furchtbar weh. ‚Kumpels, Kleiner! Kumpels', kam es Benjamin in den Sinn.

Der Stier und die Kühe waren jetzt unglaublich freundlich zu Benjamin, aber Kumpels würden sie nie für ihn sein können.

Stärke, die sich an Schwäche misst, mochte er nicht mehr.

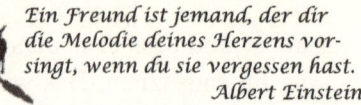
Ein Freund ist jemand, der dir die Melodie deines Herzens vorsingt, wenn du sie vergessen hast.
Albert Einstein

Benjamin hatte gut gegessen und reichlich getrunken. Er hatte sich gerade auf den Weg gemacht, um zu sehen, wie es oberhalb der Almwiese aussieht und ob es dort etwas zu entdecken gab, als er hinter sich jemanden sagen hörte: „Der Stier ist immer so aggressiv. Wie schön, dass ihr dem einen Denkzettel verpasst habt. Das hat mich so gefreut."

‚Was für eine Stimme!' Meine Güte, das war die wunderbarste Stimme, die er je gehört hatte. Sie ging Benjamin durch Mark und Bein. Als er sich gefangen hatte, weil er begriff, dass es kein Traum war, schaute er sich um und sah unverhofft etwas Wunderschönes. Da stand eine bildschöne Eselin neben einer kleinen Holzstallung, die alles mit angesehen hatte. ‚Ob sie gesehen hat, wie Rudi an meinem Schwanz geschaukelt hat?', schoss es ihm durch den Kopf. ‚Und dass mir die Raben geholfen haben. Oh weh! Und wie der Stier mich in den Wassertrog gestoßen hat, – ohwei, ohwei – und dass ich so hilflos gewesen bin – peinlich!' Meine Güte, wie schämte er sich plötzlich.

„Ich habe dich auch triefnass aus der Teufelsschlucht kommen sehen, da sind schon viele drin umgekommen. Ich war so glücklich, als ich dich gesehen habe. Es hat mich gleich zu dir hingezogen. Bitte entschuldige, dass ich dich nicht eher angesprochen habe, aber als ich von der Hochalm heruntergekommen war, hatte der Stier dich schon in den Trog gestoßen. Als du dann so traurig abseits standest und ich gerade zu dir gehen wollte, kam dieser Rabe zu dir geflogen. Da habe ich einfach nur zugesehen, weil ich dich kennenlernen wollte. Es war so schön, euch zu sehen, ihr ward so vertraut, wie ich es noch niemals erlebt hatte. Bitte entschuldige, dass ich zugesehen habe. Ich heiße Tashi. Du brauchst dich nicht zu schämen", sagte sie mit einer Stimme, die so zauberhaft klang, dass Benjamin wie betäubt antwortete: „Da bist du ja endlich, ich habe so lange auf dich gewartet."

„Wie kann das sein?", fragte Tashi.

‚Oh, diese Stimme', dachte Benjamin.

„Ich glaube, du stehst unter Schock", sagte sie. „Der Stier ist immer so frech. Ich glaube, der tut sich nur so wichtig, weil er nicht zugeben will, dass er Angst vor der Schlachtbank hat. Er hofft wahrscheinlich, dass er der künftige Zuchtbulle wird, wenn er so aggressiv ist. Du musst dich aber nicht mit ihm abgeben. Wenn du ein paar Stunden weiter den Berg hoch gehst, wirst du sehen, dass genug Wasser für alle da ist. Dort entspringt der Bergquell, genau oberhalb der Hochalm. Der versorgt uns alle mit Wasser. Wie heißt du eigentlich?"

Benjamin hatte mehr der Stimme als ihren Worten gelauscht. Weil er so verzaubert war, antwortete er ihr: „Ich habe noch nie eine so schöne Eselin gesehen, wie heißt du und wo kommst du her?"

Tashi nannte geduldig noch einmal ihren Namen und stellte ihre Frage ein zweites Mal.

„Ich heiße Benjamin."

Mehr brachte er nicht heraus.

„Meine Großeltern väterlicherseits kamen aus Tibet und mütterlicherseits aus Afrika", begann Tashi nun zu erzählen, „aber meine Eltern haben sich in Italien kennengelernt, dort bin ich auf die Welt gekommen." Während sie das sagte, sah sie Benjamin mit liebevollen großen Augen von unten nach oben an, sodass er ihre langen Wimpern sehen konnte, blickte dann aber, etwas verschämt, wieder nach unten, als sie Benjamins bewundernde Blicke bemerkte.

„Das ist aufregend." Benjamin hörte genauer zu, er wollte alles von dieser wunderbaren Eselin wissen.

„Ich musste im Alter von zwei Jahren flüchten, nachdem meine Eltern in Italien umgebracht worden waren. Weißt du, man hat mir meine Eltern nur ihres Fleisches wegen genommen. Meine Eltern waren echte ostafrikanische beziehungsweise Tibet-Esel und in Italien wurden sie Salami-Esel geschimpft. Wenn ich nicht geflohen wäre, dann hätten die mich auch …", weiter sagte sie nichts, doch das war auch nicht nötig.

Benjamin wusste vor Mitgefühl nicht, was er hätte sagen können, vor allem nicht, weil er eine Träne in ihren wunderschönen Augen bemerkt hatte. Da gab es tatsächlich eine Eselin, die wie er verlassen war, allein lebte und die weinen konnte. Wie gern hätte er sie liebevoll geleckt. Oh, wie froh war er doch, dass er sich auf den Weg in das Land seiner Eltern gemacht hatte.

„Ich möchte auch weinen können, es muss wunderbar sein, das zu können. Wie machst du das?"

„Ich kann immer dann weinen, wenn mir klar wird, dass ich meinen Traum lebe und dass meine Eltern das auch immer wollten", sagte Tashi nun fast zärtlich.

„Du lebst deinen Traum?" Tashis Worte trafen Benjamin wie ein Schlag. „Wie meinst du das?", wollte er wissen. „Sind Träume dasselbe wie Märchen?"

„Märchen erzählen mir von alten Zeiten. Sie zaubern Träume, die wir leben können. Ich lebe nicht allein", erklärte sie. „Ich lebe als freier Wildesel mit vier anderen Eseln und den Bergbauern auf der Hochalm. Es macht mich sehr glücklich, den Bauern zu helfen. Sie freuen sich, dass sie uns haben und tun uns Gutes, wann immer sie können. Wir leben völlig zwanglos in unserer Unterschiedlichkeit zusammen und dienen uns gegenseitig mehr als ich es irgendwo sonst gesehen habe. Das hätte ich mir für meine Eltern auch gewünscht. Ich glaube, meine neu gewonnene Kraft kommt nur aus der Freude, die ich hier erlebe. Weißt du, ich habe immer an meinen Traum geglaubt. Meine Eltern sind umgebracht worden. Es war so schlimm, dass ich damals nicht länger ohne sie leben wollte. Später habe ich verstanden, dass sie mir etwas ganz Wertvolles hinterlassen haben. Ich musste ihre Träume leben, damit Liebe und Freiheit nicht als Märchen verstanden werden, sondern als gelebte Geschichte. Dann haben meine Eltern nicht umsonst gelebt und alle anderen, die wissen, dass Liebe und Freiheit mehr als nur ein Traum sind, auch nicht. Die Bilder meines Märchens spiegeln ihre Liebe, die ich in mir spüre und die mir immer gefehlt hat. Ich habe so viel Leid erfahren, dass ich fast daran zerbrochen wäre. Erst als ich auf meinem Weg die Dinge zu sehen gelernt habe, die mich an Verbundenheit in Liebe erinnern, konnte ich sie neu in mir beleben, und ich erkannte, ==welcher Traum in mir schläft und was ich verwirklichen wollte==. Erst da konnte ich wieder Mut fassen, meinen Weg eigenständig zu gehen. Seitdem bin ich immer wieder in Liebe verbunden mit allem, was mich an sie erinnert. Dabei ist es nicht von Bedeutung, ob mir ein Baum, ein Mensch oder ein anderer Esel begegnet; entscheidend ist, dass die Begegnung mein Herz berührt! Weißt du, was ich meine?"

Ein „Ja", kaum hörbar, war das Einzige, was Benjamin herausbrachte. Er konnte nicht glauben, was er hier erlebte. „Ja", wiederholte er dann, „ist es nicht seltsam, dass die größten Esel das nicht verstehen, es ist doch eigentlich so einfach."

„Lass uns weitergehen", sagte Tashi. „Ich zeige dir den Weg zur Hochalm, die du erkunden wolltest. Es ist wunderschön dort oben. Du wirst dort finden, was du gesucht hast." Beide gingen Seite an Seite, langsam und glücklich, Schritt für Schritt in eine gemeinsame Richtung.

„Weißt du", sagte Tashi nach einer Weile. „Immer wenn ich spüre, was ich tun sollte, um meinen Traum wahr werden zu lassen, dann entschließe ich mich dazu, es so schnell wie möglich auch in die Tat umzusetzen und nicht nur davon zu träumen. Seitdem habe ich keine Angst mehr. Ich höre nicht auf Esel, die fremdbestimmt leben und darauf warten, dass andere sie glücklich machen, weil sie kein eigenes Ziel haben. Ich vertraue auf das, was in mir spricht, weil ich immer wieder spüre, dass es mich frei macht, liebevoll frei macht. Unfreie Esel sind immer besorgt, es den anderen recht zu machen oder Eindruck zu schinden. Sie sind gar nicht echt, kommen gar nicht dazu, aus Liebe zu handeln. Dadurch hängt ihre eigene Zufriedenheit immer von der Reaktion der anderen ab. Sie leben so, als ob sie sich ihr eigenes Glück über das der anderen verdienen müssen, sind dabei in ständiger Sorge, es verlieren zu können und lassen sich aus Angst sogar ausnutzen."

„Ja, so war ich bei meinem Bauern", sagte Benjamin leise, weil er Tashi nicht unterbrechen wollte.

„Sie verlernen ihre Selbstliebe zu spüren, diese liebevolle Verbindung zur Welt, die uns zu lieben befähigt und werden dadurch immer lebloser. Ach, Benjamin, es gibt so viele davon, ist das nicht traurig?"

‚Ja', dachte Benjamin, ‚das ist traurig.' Doch als unmittelbares Gefolge der Traurigkeit stieg nun wieder, wie aus heiterem Himmel, ein unglaublich starkes Glücksgefühl in ihm auf. Dieses Gefühl, das er immer bewusster genoss, als ob er eine zentnerschwere Last – Kilo für Kilo – abwerfen würde. Wie wunderbar, dass er genau jetzt Tashi kennengelernt hatte. Vor ein paar Monaten noch hätte er nicht verstanden, was sie ihm zu sagen hatte und nicht gespürt, aus welcher Fülle sie zu geben bereit war. Welch' ein Segen, dass er sich auf den Weg gemacht hatte und nun an ihrer Seite ging.

„Weißt du, Benjamin, ich lebe nicht, um den anderen zu gefallen, das würde ich auch nicht tun, wenn ich dafür einen Preis bekäme. Ich möchte jeden Tag aus mir selbst leben, echt und artgerecht und nicht der Leute wegen. Darum liebt man mich, das weiß ich. Ich mache ihnen Freude, weil ich weiß, wie man sich freut. Vielen Eseln wird Gewalt angetan, sie können ihre eigenen Fähigkeiten gar nicht mehr erkennen und ausleben. Sie führen ein Leben in Routine. Das ist so schlimm, ich kann das gar nicht mit ansehen. Sie nehmen das Leben nur hin, ohne zu spüren, was sie bewirken können. Sie missachten Gelegenheiten, indem sie die aufkommenden Kräfte unterdrücken. Verstehst du, wie ich das meine?"

Ja, Benjamin verstand, was Tashi meinte, er verstand sie so gut.

„Weißt du", sagte Tashi, „immer wenn ich etwas vorhabe, was die anderen nicht gewohnt sind, sagen sie zu mir: „Du träumst!" Dann sage ich: „Ja, das stimmt, aber ich lebe meinen Traum auch so gut ich kann. Ich will andere nicht benutzen, weil ich Angst habe selbst zu leben, sondern ich will mit ihnen leben, weil ich sie mag. Leben ist für mich Freude und Freude ist Liebe, das weiß ich, weil ich in Angst nicht lieben kann."

‚Oh diese Stimme', dachte Benjamin. Er hörte nicht nur Tashis Worte, er konnte sie spüren. Ohne Furcht ließ er Gefühle zu, die ihn immer freier machten.

„Tashi, ich weiß, dass alles stimmt, was du sagst, und es tut gut, darüber zu sprechen. Liebe können wir nicht festhalten oder geben und zurückbekommen, weil sie uns nicht gehört. Liebe können wir nicht besitzen, weil wir sie nur erfahren können. Wir bekommen sie nur zu spüren, wenn wir uns durch sie innerlich berühren lassen, wenn wir bereit dazu sind; nicht halbherzig, sondern ganz." Benjamin war über seine eigenen Worte erstaunt, sie waren wie von selbst aus ihm herausgekommen, ohne dass er sich ihrer bewusst gewesen wäre. Er hatte noch so viele ungesagte Worte in sich und doch waren sie nur ein ganz kleiner Teil dessen, was er zu fühlen vermochte. Wie erwachsen Benjamin reflektieren konnte, spürte er in diesem Augenblick.

„Wir können Liebe nicht aufbewahren oder verschieben, sie nicht an einem bestimmten Punkt festmachen oder sie irgendwo abgeben, weil sie immer nur in der Gegenwart existiert, die sich durch sie bewahrheitet. Es ist die Gegenwart, die uns den Mut abverlangt, Liebe zu bezeugen, so wie wir augenblicklich helfen ohne zu denken, wenn jemand fällt oder anderswie in Not gerät. Jeder, mit dem wir ein Stück des Weges gehen, gibt uns die Möglichkeit dazu. Wir können lernen zu erkennen, was Angst macht und was uns niederdrückt oder den Funken auffangen, den Liebe überspringen lässt, damit unser eigenes Flämmchen nicht erlischt." Benjamin hatte geredet, ohne Luft zu holen und er hätte mit Tashi die ganze Nacht und noch viel länger reden mögen.

Er hatte Tashi von seinem Leben auf dem Bauernhof erzählt, und Tashi hatte seine Worte teilnahmsvoll in sich aufgenommen.

„Ich glaube, mein Bauer konnte gar nicht mehr lieben. Er hat seine Liebesfähigkeit durch irgendeine Traurigkeit in Selbstmitleid verwandelt. Dann ist er

==süchtig geworden und hat andere Menschen auch nur noch traurig machen können.== Solange ich für ihn gesorgt habe, solange konnte er sorglos trinken. Solange er sorglos seine Sucht genießt, gibt er seinem Verhalten Recht, das ihn immer abhängiger macht. Menschen sprechen andere Sprachen, Tashi, das ist mir klar geworden. Sie haben so viele Bilder, Gefühle und Geschichten im Kopf, dass sie leicht vergessen können, was das Wesentliche für sie ist. Dann beginnen sie in anderen zu suchen, was ihnen in ihrem Inneren fehlt. Wie viel ich durch meinen Bauern gelernt habe, ist mir erst auf meinem langen Weg klar geworden. Ich habe gemerkt, dass ich mich dort Zuhause fühle, wo ich lieben kann und mich geliebt weiß – jeden Tag müssen wir dort neu ankommen, immer wieder. Niemand darf im Suchen, Selbstmitleid, Schuldgefühlen, Rachegedanken oder anderem Quatsch stecken bleiben. Alles nur Ausreden, sage ich dir, alles Ausreden der Angst. Das habe ich gelernt, als ich ganz allein war und am liebsten gestorben wäre", sagte Benjamin und er wusste, dass Tashi ihn verstehen würde.

Tashi trat nah an Benjamin heran und schmiegte sich vorsichtig an seine Seite.

„Ja, Benjamin, ja! Du hast mich verstanden."

„Nein, Tashi, ich habe dich gespürt." Und ihre Blicke trafen sich tiefer und tiefer. Als Tashi sich von Benjamin löste, sah sie, dass sein linkes Ohr direkt am Kopf etwas eingerissen war, das musste bei dem Stoß in den Trog passiert sein, es musste ihn schmerzen. Tashi leckte Benjamins Ohr und sie spürte, wie gut es ihm tat. Die beiden gingen, ohne ein Wort miteinander zu sprechen, zum Rande des Waldes. Sie legten sich in den Schatten eines Baumes, Seite an Seite, ganz dicht beieinander und sahen gemeinsam die Wolkenbilder am späten Nachmittagshimmel tanzen. Benjamin dachte daran, wie er im Frühling so ganz allein in den Wolken einen Esel erkannt hatte und dass er in jenem Augenblick zum ersten Mal bewusst gefühlt hatte, wie einsam er war.

„Träumst du auch oft von deinen Eltern?", flüsterte Benjamin.

„Jeden Tag!", antwortete Tashi.

Sie sahen gemeinsam die Wolken über sich ziehen, und Benjamin wusste, dass sie dieselben Bilder sahen. Benjamin legte ein Bein über Tashi und sagte leise: „Danke", und Tashi wusste, ohne dass sie Benjamin hätte fragen müssen, was er damit gemeint hatte. Die zwei schmusten miteinander so zärtlich, behutsam und liebevoll, dass die Bäume etwas leiser rauschten, weil sie nicht stören wollten und die Sonne tausend goldene Lichterstrahlen in die Blätter zauberte, um ihrer Liebe das rechte Licht zu geben. Ach, wer noch niemals zwei Esel hat schmusen sehen, der weiß überhaupt nicht, was schmusen ist. Diese Zärtlichkeit hatte in ihre Eselseelen so viel Vertrauen gezaubert, das sie ganz offen sein ließ. Sie waren eins geworden; fühlten gemeinsam, was ihre Seelen so sehr verletzt hatte und was sie wachsen ließ.

Da wusste unser großer Benjamin, was Erwachsensein bedeutet.

*Es ist Nacht und mein Herz kommt zu dir, hält's nicht aus,
hält's nicht aus mehr bei mir. Legt sich dir auf die Brust,
wie ein Stein, sinkt hinein, zu dem deinen hinein.
Dort erst, dort erst kommt es zur Ruh, liegt am Grund
seines ewigen Du.*

Christian Morgenstern

Selbstliebe

„Benjamin", sagte Tashi, „ich muss zu den anderen gehen, sonst machen sie sich Sorgen. Sie wissen ja noch nichts von dir. Geh allein hinauf zu dem Bergquell, damit du wissen kannst, was es heißt, nach Hause zu kommen; bei dir anzukommen, um dich ganz wiederzufinden. Er ist nur ein paar Stunden von hier entfernt; ich werde auf dich warten und im Herzen bei dir sein."

Benjamin wollte nicht ohne Tashi weitergehen, er war lange genug allein gegangen, hatte so lange auf sie warten müssen. Doch er wusste, dass das, was Tashi gesagt hatte, stimmte. Benjamin wusste, dass jeder das ganz allein für sich tun muss. ‚Es ist wunderbar, bei sich selbst anzukommen, wenn jemand wartet, der das alles versteht', dachte Benjamin. Er sah Tashi eine kleine Weile nach, konnte sein Glück noch gar nicht wirklich begreifen, dann machte er sich mit festen Schritten auf den Weg ganz nach oben. Der Weg führte ihn steil bergauf. An einigen Stellen war er schmal und rutschig, sodass Benjamin Mühe hatte, auf seiner Fährte nicht abzurutschen. An anderen Stellen musste er über Felsbrocken und Geröll klettern, das sich vom Gipfel heruntergeschoben hatte. Doch ein Esel, der in einem Bauernhaus eine steile Holzstiege hinaufgekommen ist, nur um einem Menschen nahe zu sein, der ihn nicht lieben wollte, der überwindet auch steile Pfade, die ihn nach oben führen.

‚Ich habe mich der Unterdrückung des Bauern genauso wenig widersetzen können, wie Mutter der Bevormundung des Vaters', dachte Benjamin. ‚Mich hat Mutter bedingungslos geliebt, aber sie hat mir ein abhängiges Verhalten vorgelebt, während das Wort *Vater*, ein Gefühl von Verlassenheit erzeugt. Seitdem ich wieder mehr die liebevollen Erinnerungen beleben kann und ihnen ihre Fehler verzeihe, nimmt meine Kraft zu und ich werde aus eigenem Antrieb immer freier.' Eine Woge des Friedens durchströmte ihn, als er seinen Weg Schritt für Schritt fortsetzte.

Die Tannen schienen in der untergehenden Sonne nun fast schon schwarz, immer häufiger ließen Waldschneisen die schroff abfallenden Felsen sichtbar werden. Ein Steinadler zog geräuschlos seine Kreise um die im Sonnenlicht rot leuchtende Gebirgskuppe. Für Benjamin wurde es Zeit, sich eine Schlafstätte zu suchen, bevor die Dunkelheit alles verhüllen würde. Kurze Zeit später fand er eine moosige Felsspalte, die ihm etwas Windschutz bot.

Benjamin zwang sich in die Felsnische und verspürte so etwas wie Halt. Unter ihm lagen die steil abfallenden Gebirgsfelsen; er war so hoch gekommen, dass er die Wälder hinter sich gelassen hatte und nur noch ihre dunklen Spitzen sehen konnte. Benjamin dachte über diesen Tag nach, über seinen langen Weg und darüber, dass er noch vor zwei Tagen in der Teufelsschlucht Angst um sein Leben gehabt hatte. Er dachte an seine

Eltern, an den Packesel, den Stier, an Rudi, dachte daran, was die Schwalbe ihm wohl hatte sagen wollen und dass er Tashi gefunden hatte. Er wusste nicht, wie sein Leben weiter verlaufen würde, aber in ihm pochte ein Herz, das unsagbar stark war. Es tat gerade weh, aber er spürte hinter dem Schmerz wunderbare Stimmchen tief in sich drin. Leise, zärtliche Flüsterstimmchen, die lange nicht zu sprechen gewagt hatten. Er sah, wie die Landschaft vor ihm im Dunkel der Nacht versank, während zahlreiche Sterne die Unendlichkeit des Kosmos erahnen ließen. Tausende silbern funkelnde Sterne beschenkten Benjamin mit dem Zauber der Nacht. Ja, es war das unendliche Funkeln, von dem Benjamin seine Augen nicht abwenden konnte, bis sie ihm zufielen.

Mitten in der Nacht wurde er wach, zitternd vor Kälte. Die Felswand war jetzt kalt und feucht wie in der Teufelsschlucht. Es war eine wundervoll sternklare Gebirgsnacht, aber sie war zum Schlottern kalt. Der Mond stand rund und voll genau über Benjamin. Er konnte das magische Licht, das von ihm ausging, deutlich in jeder Fellspitze spüren. Plötzlich war es ihm, als ob das Mondlicht, durch sein Fell hindurch, jede einzelne Körperzelle magnetisch auflud. Da öffnete sich Benjamins Herz und die leisen Flüsterstimmchen zeigten ihre scheuen Gestalten. Eine nach der anderen löste sich behutsam und selig aus der Enge der Angst und vertraute den Schwingen der Liebe, die Benjamin so beflügelten. Er fühlte sich von diesem Licht dermaßen angezogen, dass er die Kälte der Nacht nicht mehr wahrnahm. Er saß hier oben, vom Licht des Mondes verzaubert, ganz allein und wurde tiefsinnig und warm. Diese Tiefsinnigkeit war keine traurige – nein, es war eine wundersame Tiefsinnigkeit, die wie ein befreiendes Geschenk anmutete. Auf eine unvergleichliche Weise gab die Energie des Mondes ihm auf seine vielen Fragen, die er gar nicht alle auf einmal hätte stellen können, Antworten, die mit so viel Tiefe und Weisheit und doch in einer selbstverständlichen Leichtigkeit alle Fragen vereinte. Diese Energie ließ Benjamin eine Sphäre wahrnehmen, die der Körperlichkeit zu entwachsen schien. Eine Frage nach der anderen fand ihre Antwort. In dieser unbewussten, selbstverständlichen Leichtigkeit waren die Antworten so allumfassend, weise und völlig folgerichtig und dabei so liebevoll einsichtig, dass Benjamin sie nicht in Worte hätte fassen können. Er wollte diese fantastische Erfahrung festhalten, wollte sich für immer daran erinnern können, doch in dem Augenblick, in dem sein Wille diese unendliche Weisheit in Worte zwängte, entglitt sie ihm. Übrig blieb nur eine einzige Antwort, und die wurde Benjamin heilig:

Es ist alles vorhanden; es sind nur die Wertungen, die Mangel erzeugen!

Er hatte den Zustand der Hingabe verlassen, durch den er Zugang zu jener Energie gefunden hatte, die ihn bedingungslose Liebe spüren ließ, durch die er Trugbilder erkennen konnte, die ihn von ihr entfernten. Doch nun fand er sich, durch den Einmarsch seiner Gedanken, in der kleinen Welt der Wertungen wieder. Benjamin konnte den Mangel spüren, den sie erzeugten. Diesen Mangel wusste er nun loszulassen, wann immer er es benötigte. Benjamin besaß alles, um sein Leben glücklich gestalten zu können. Er hatte ein schützendes Fell, stramme Ohren und gut gewachsene Beine, er konnte denken, fühlen, dösen und hatte ein Herz voller Liebe. Und er hatte ein Märchen, das ihm immer wieder neue Ideen zauberte, die er in seinem Leben umsetzen konnte, um sie zu seiner Geschichte zu machen, oder die ihn träumen ließen, wenn er die Welt vergessen wollte. Doch nach dem Verlust seiner Eltern schien er sein Märchen vergessen zu haben und er hatte sich und sein Leben nach den Maßstäben des Bauern bewertet. Jetzt hatte er es wiedergefunden, viele Teile daraus ins Leben getragen, konnte wieder spüren, was ihn wirklich glücklich machte.

Benjamin bemerkte, dass er seinen Bauern niemals bei seinem Namen genannt hatte. *Bauer*, das war für Benjamin mehr als ein Name gewesen.

Benjamins *Bauer* war ein Mann, der die Tiere ernährt, der die Welt versteht und aus Erde Pflanzen wachsen lässt. Der einen Esel wertschätzt, indem er seine Stärke zu nutzen und dem Leben seinen Wert abzuverlangen wusste.

Es waren Werte, die er verteidigte und in Ehren hielt; für die er gekämpft und sich für sie verloren hatte. Werte, durch die er Liebe über Leistung definierte, für die er alles gegeben hatte und die ihm jetzt das Gefühl gaben, vom Leben betrogen worden zu sein und dass die Liebe ihm etwas schuldig geblieben war. Werte, durch die er sich selbst als nie gut genug empfunden hatte, die immer größer und geringer waren als er. Benjamins *Bauer* schien vergessen zu haben, dass der Blick auf sein Leben nur seine Sicht der Dinge ist und dass alles auch ganz anders betrachtet werden kann. ‚So etwas tun wohl einsame Menschen‘, dachte Benjamin.

Dieser Bauer hatte begonnen Schnaps zu trinken. Das Ende seines Suchens nach Anerkennung begann er mit Selbstzerstörung zu besiegeln! Die Liebe seiner Familie konnte sein Verlangen nicht stillen. Im Rausch fand er den Zugang zur Hingabe, den er über seinen Willen nicht erreicht hatte. Werte, die er zu erfüllen versuchte, hatten seine Erfüllung vergessen gemacht.

Den Mangel, den er durch seinen Willen erzeugt hatte, versuchte er mit Schnaps wieder aufzuheben. Wie stark musste sein Glaube an die Werte sein, die ihm vermittelt wurden, dass er sich den Zugang zur Hingabe mit einer Flasche verschaffte? Wie sehr musste er sich verlaufen haben, dass er sich im Spiel seines Lebens nicht mehr wiederfinden konnte?

‚Wie weit müsste sein Bauer wohl gehen, um sich selbst wiederzufinden? Wie lange müsste er laufen, um festzustellen, dass er von Erinnerungen geführt wird, die ihn daran hindern, zu spüren was ihm wirklich fehlt? Glaubt er vielleicht seine Liebe verloren, weil er sich an das Falsche erinnert? Wie leicht könnte er glücklich sein, wenn er verstehen würde, dass wir nur verlieren können, was wir zu besitzen glaubten, und dass er Liebe nur erfahren kann, wenn er sie nicht besitzen will?‘, fragte sich Benjamin. Wie schwer wogen die Schuldgefühle, die er mit sich herumschleppte und die ihn daran hinderten, alles besser zu machen? Und wie sah es bei ihm selbst aus? War seine Angst nicht auch aus dem mangelnden Bewusstsein der eigenen Möglichkeiten entstanden? Entstehen Suchen, Sehnsucht, Sucht und Erwartung nicht grundsätzlich aus der Angst, die uns davon abhält eigene Möglichkeiten zu leben? Halten wir vielleicht viele Dinge für irreal, für ein Märchen, weil wir uns nicht zutrauen die Anteile wahr werden zu lassen, die wir uns für ein Leben aus freier Entscheidung wünschen?'

So vieles ging Benjamin durch den Kopf, so vieles und alles bekam die gleiche Gültigkeit. Jetzt, da Benjamin wieder zu dösen begann und eins mit der Energie der Nacht geworden war.

Wie gut tat es doch, wenn er so frei von Deutungen, so *gleich-gültig* und *leicht-sinnig* dösen konnte. Benjamin liebte diese Nacht, die unvergesslich werden sollte.

Die nahende Dämmerung ließ ihn die Wirkung der Sonne und das Gefühl von sprühender Lebendigkeit bereits erahnen. Er spürte sowohl einen ewigen Abschied als auch ein ewiges Vorangehen, und doch schien beides eins zu sein, so als ob diese Nacht eine Erinnerung der ewigen Liebe wäre. Er hörte Käuzchen rufen und saugte noch einmal ganz bewusst den Atem dieser Nacht mit ihrem mystischen Licht in sich ein, bis er vor Erschöpfung doch noch einmal einschlief.

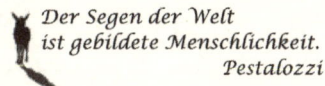
*Der Segen der Welt
ist gebildete Menschlichkeit.*
Pestalozzi

Tiefe Glücksgefühle erfüllten ihn beim Erwachen. Das Krächzen der Raben war das Erste, was Benjamin vernahm, als er seine Ohren aufgestellt hatte. Völlig steif kroch er aus seiner Felsnische und reckte sich in der frühen Morgensonne. Der Wind hatte gedreht, er kam nun von Süden und war angenehm warm. Benjamin sah die Raben auf den Bergspitzen sitzen und dachte an Rudi.

Er hätte sich längst zu erkennen gegeben, wenn er unter ihnen gewesen wäre – oder nicht? Irgendwie vermisste Benjamin Rudi anders als vorher. Jetzt, wo er ganz oben, ganz bei sich selbst angekommen war, hätte er Rudi gerne einfach nur in seiner Nähe gewusst. Es war ihm plötzlich seltsam zu Mute, fast ein wenig unwirklich. Er fühlte sich etwas verlassen und doch irgendwie auch unglaublich geborgen.

‚War wohl alles ein bisschen viel auf einmal', dachte Benjamin, um im selben Augenblick zu wissen, dass es wieder ein Anfang war – ein neuer. War das hier wirklich sein Zuhause, hatten hier seine Eltern mit ihm gelebt? Er hatte auf einmal so viele Fragen an sie. Vielleicht könnte Rudi sie ausfindig machen. Meine Güte, dass er daran nicht schon früher gedacht hatte! Eine grandiose Idee! Bestimmt könnte Rudi das! Benjamin ging zurück zu dem Weg, völlig erwartungsfroh, fraß ein paar Gräser, die er zwischen den Steinen fand und folgte dem Weg, der noch steiler anstieg als gestern. Er glaubte fast, es nicht weiter zu schaffen, es war einfach zu steil. Doch er hörte Tashis Worte, die ihm von dem

Bergquell erzählt hatten. ‚Wenn Tashi hier hinaufgeht, dann möchte ich das auch schaffen, ich will doch sehen, was sie gesehen hat, fühlen, was sie fühlt. Einmal nur und dann mal sehen.'

Benjamins Schnaufen wurde plötzlich von lautem Gekrächze und schrillem Geschrei übertönt. Was war das nun wieder? Da stürzte Rudi mit lautem *Raah, Raah* im Sturzflug vor ihm durch die Schlucht. Er krächzte aus voller Kehle. In seiner Schnabelspitze baumelte eine Schwalbe, Benjamins Rauchschwalbe. Nun flog er einen spitzen Winkel, landete genau vor Benjamin und legte die Schwalbe behutsam auf einem Stein ab. Warum war sie nicht selbst geflogen, war sie vielleicht krank?

„Du wolltest sie wiedersehen, hier ist sie!", sagte er mit schräg gestelltem Kopf und funkelnden Augen, kurz und knapp.

Benjamin war überrascht und glücklich, er hätte vor Rührung die ganze Welt umarmen können. Rudi war völlig in seinem Element; die Rauchschwalbe unterdessen machte eher einen entsetzten Eindruck.

„Warum war sie in deinem Schnabel, Rudi?"

„Sie will dir was sagen und sich verabschieden, raah. Wie es sich gehört!" Die letzten Worte hatte er lauter und etwas sarkastisch gekrächzt und der Schwalbe dabei einen Stups versetzt, der sie fast vom Stein geschoben hätte. Die Schwalbe, die Benjamin als eine weise Dame kennengelernt hatte, war von Rudi im Schlaf überrumpelt und ohne zu fragen hierher verschleppt worden. Sie war kurz davor, ohnmächtig zu werden, lag zerrupft und schlapp vor ihm auf einem Stein. Rudi hatte Benjamins Trauer über die offenen Fragen, mit denen die Schwalbe Benjamin zurückgelassen hatte, ernst genommen und war augenblicklich zur Tat geschritten, beziehungsweise geflogen, wie es seine Art war. Nachdem Rudi ihm seine ersehnte, alte Rauchschwalbe quasi zu Füßen gelegt hatte, war Benjamin so sehr damit beschäftigt, sie wieder aufzupäppeln, dass er nicht einmal bemerkt hatte, wie Rudi davongeflogen war. Ein lautes *Raah, Raah* und sein schwarzer Freund war in den Berggipfeln verschwunden, bevor Benjamin „Hallo" hatte sagen können.

„Ach, Benjamin, so etwas kann man doch mit einer alten Frau nicht machen", stöhnte die Schwalbe, als sie sich etwas berappelt hatte. „Manchmal fehlt ihm wirklich das nötige Feingefühl." Sie war damit beschäftigt, ihr Gefieder zu putzen, während sie sich immer wieder schüttelte.

„Wenn ich das verschuldet habe, dann tut es mir leid", sagte Benjamin. Dabei konnte er selbst noch nicht nachvollziehen, was hier eigentlich vor sich ging. Die Schwalbe hatte sich wieder gefangen.

„Raben sind einfach oft zu zügellos, das hat nichts mit dir zu tun."

„Ich glaube, er hat es nur aus Freundschaft zu mir getan", verteidigte ihn Benjamin. „Ich hätte ihm nicht sagen sollen, dass ich dich vermisse."

„Rudi hat deine Eltern ausfindig gemacht", begann sie nun zu erzählen. „Es geht ihnen gut, das soll ich dir ausrichten. Sie denken darüber nach, von dem jetzigen

Hof, auf dem sie arbeiten müssen, zu flüchten und sich auf den Weg zu dir in die Berge zu machen. Deine Geschichte hat sie sehr beeindruckt."

Benjamin war innerlich völlig aufgewühlt. ‚Was für eine Nachricht! Oh Rudi, meine Güte, was für ein Freund.' Benjamin musste sich sehr anstrengen der Schwalbe Gehör zu schenken, weil er wusste, dass jede Minute mit ihr kostbar war.

„Warum hast du mich vermisst, obwohl du dich selbst so wunderbar gefunden hast? Es war eine Freude, zu sehen, wie du deinen Weg gehst."

Benjamin war sprachlos. Da hatte die Schwalbe ihn also auch beobachtet.

„Weißt du, auf meinem Weg ist mir bewusst geworden, dass meine Eltern nicht verschleppt worden sind, sondern dass sie mich freiwillig verlassen haben", sagte er nun. „Das hat sehr wehgetan Ich würde so gerne verstehen, warum sie das getan haben. Und oft habe ich mich gefragt, wie es dem Bauern wohl ergeht, ich habe ihn ja auch ganz allein zurückgelassen."

„Aber Benjamin, dein Bauer ist kein Kind mehr, *du* warst das Kind. Dass du deine Eltern verstehen möchtest, ist ein wunderbarer Wunsch. Du machst damit nicht nur ihnen ein Geschenk, sondern es wird dir auch sehr gut tun. Du besitzt die wertvolle Gabe nicht nach Schuld zu suchen, sondern denkst über die Ursachen, über deine Reaktionen und über das, was du daraus lernen kannst, nach. Mit dieser Gabe wirst du in der Lage sein, sie zu verstehen, sie zu lieben und doch einen eigenen Weg zu gehen. Doch du wirst dir deine Antworten so lange selbst geben müssen, bis du sie fragen kannst. Sie werden dich finden; ihr werdet euch wiederfinden – ganz bestimmt."

„Es tut gut, das von dir zu hören. Es tut gut zu wissen, dass du immer bei mir warst. Doch wenn ich gewusst hätte, dass du mich von oben begleitest, wäre es mir auf meinem Weg viel besser gegangen. Ich hätte mich dann nicht so allein gefühlt", erklärte Benjamin.

„Man fühlt sich nur allein, wenn man nicht bei sich ist."

Benjamin dachte über die Worte der Schwalbe nach, bis ihm Tashi in den Sinn kam. „Bei mir ist das anders", widersprach er. „Ich muss mit jemandem zusammen sein, wenn ich mich nicht allein fühlen will."

„Wo hast du dich mehr allein gefühlt, Benjamin, an der Seite des Bauern oder als du allein in dem leuchtenden Rapsfeld standest?"

„Im Rapsfeld war ich glücklich. Es war so wunderschön, dass ich alles andere vergessen habe", antwortete Benjamin. „An den Bauern mag ich gar nicht denken, dann werde ich immer ganz traurig. Ich habe ihn wirklich lieb gehabt und habe ihn ganz allein gelassen. Ich habe ihn verlassen, Schwalbe, das tut mir so leid."

„Verlassen kannst du nur jemanden der bei dir war, Benjamin. Du bist nicht gegangen, du bist gegangen worden! Du warst ein hilfloser Helfer. Dein Bauer hat dir unbewusst geholfen dich selbst zu finden, indem er dich so lange verletzt hat, bis du verstanden hast, dass du gehen musst. Jetzt muss er sich selbst helfen lassen!"

„Aber er hat meine Hilfe gebraucht!"

„Hast du ihm denn helfen können?", fragte die Schwalbe sehr vorsichtig. „Nein", kam es kläglich zurück. „Er war nur mit sich selbst, mit seiner Angst und mit dem, was er verloren hatte, beschäftigt, wollte mich nur bei sich haben, damit ich mich um alles kümmere und er sich noch mehr mit sich selbst beschäftigen kann."

„Hat er sich denn mit sich selbst beschäftigt oder war er gefangen in seiner Sucht?", wollte die Schwalbe wissen.

„Alles klar", sagte Benjamin, als er verstand, dass diese Frage rhetorisch gemeint war.

„Ich frage mich", dachte die Schwalbe nun laut, „ob man sich mit sich selbst beschäftigen kann. Ich kann mich mit meinen Federn beschäftigen, indem ich sie putze, aber ich kann mich selbst nicht schnäbeln oder mich selbst kitzeln. Das funktioniert einfach nicht. Das, was mir gut tut, hat etwas mit Geschenken zu tun; Geschenke, die ich dankbar als solche erkannt habe. Sobald ich Erwartungen hege, scheine ich mich von mir selbst abzuschneiden, sie trüben die Sicht auf das, was kommt. Das leuchtende Maisfeld hat dich überrascht, bevor du etwas erwarten konntest, du warst ganz in der Gegenwart, ganz aufnahmebereit. Ich habe es von oben sehr genossen."

„Und der Stier hat mich überrascht", entgegnete Benjamin. „Als ich ganz bei mir war und das kühle Wasser genossen habe."

„Ja, du warst so durstig, dass du seinen Groll vorher gar nicht wahrgenommen hattest. Du warst nicht bei dir, nicht offen für andere, sondern in durstiger Erwartung beim Wasser und hast trotzdem etwas Wunderbares geschenkt bekommen."

„Was hab ich denn geschenkt bekommen?" Er verstand sie nicht.

„Hast du denn Rudi schon vergessen?" Die Schwalbe war etwas erstaunt.

„Er hat durch deine Not gespürt, wie viel er für dich empfindet. Er hat für dich sein Leben riskiert. Er hat seine eigene Familie für dich kämpfen lassen."

„Nein!", antwortete Benjamin, „niemals kann ich Rudi vergessen und niemals das, was er für mich getan hat!"

„Du hast auch viel für ihn getan."

„Ich?" Benjamin war entrüstet, denn er fühlte in Bezug auf Rudi nur Dankbarkeit.

„Ja du. Du hast ihn an Liebe erinnert. Die wahren Geschenke sind die, die uns an Liebe erinnern. Siehst du, Benjamin, das war es, was ich dir sagen wollte. Liebe ist das, was uns an sie erinnert. Angst ist das, was sie vergessen macht. Wenn wir spüren, was uns wahrhaftig bewegt, müssen wir entscheiden, wann, für was oder wen wir uns öffnen und dann müssen wir es tun.

==Kannst du den Unterschied zwischen Liebe und Angst in dir spüren?"==

„Da muss ich drüber nachdenken. Wenn ich oben am Bergquell bin, werde ich mich ausruhen und unser Gespräch auf mich wirken lassen."

„Das ist eine wunderbare Idee, Benjamin. Pflege immer deine innere Ruhe, damit du spüren kannst, wo du stehst und was dich führt. ==Das ist sehr wichtig, um unterscheiden zu können, ob du getrieben wirst oder ob es deine eigene Freude ist, die dich antreibt.== Und nun lass mich weiterfliegen. Ich werde dich niemals vergessen, denn du hast auch mich an Liebe erinnert. Nur eines musst du mir noch versprechen."

„Ja?"

„Bitte spüre, was Menschen in dir bewirken, statt ihnen nur deine Ohren zu schenken. Das ist wichtig, du musst das unbedingt beachten, Benjamin!"

„Was genau?"

„Das Spüren, bevor du zu werten beginnst. Mit dem Herzen sehen und zuhören, wahrnehmen, was geschieht. Esel haben Freude daran, Menschen zu dienen, denen sie vertrauen. Doch Menschen, denen du zeigen musst, dass du nicht ihr Packesel bist, darfst du nicht vertrauen. Für sie das Wasser zu tragen, damit sie weiterlaufen können, ist ein guter Freundschaftsdienst. Esel sind genügsam und leicht glücklich zu machen, weil sie nur wenig von anderen erwarten. Doch wer sich zum Packesel machen lässt, dient den Menschen, die sie missbrauchen und verleiht ihnen Macht. Macht kann aber auch süchtig machen und löst zahlreiche andere Süchte aus. Dein Bauer war durch seine Alkoholkrankheit in Not geraten und hat sich genommen, was du ihm gegeben hast. Es war gut, dass du ihn verlassen hast. Dadurch hat er seine Not gespürt; er hat gespürt, dass er Hilfe benötigt. Er bekommt zurzeit die Hilfe, die ihm gut tut und nimmt sie bereitwillig an, um sich selbst wiederfinden zu können."

„Meinst du, dass es auf dem Bauernhof wieder so wie früher werden kann", unterbrach Benjamin die Schwalbe.

„Niemals wird etwas wieder so, wie es gewesen war. Aber wenn er wieder Glücksgefühle, Vertrauen, Mitgefühl, Dankbarkeit, Verantwortung, innere Ruhe, ja vielleicht sogar wieder Liebe in sich spüren kann, die er verloren geglaubt hat, wird er ganz bestimmt auch wieder gesund werden, weil er es dann will. Seine Frau besucht ihn nun wieder regelmäßig mit den Kindern."

„Oh, das freut mich für den Bauern. Hoffentlich hilft es ihm. Meine Güte", stöhnte Benjamin, „was hat er alles kaputt gemacht!"

„Ja, Benjamin, deinem Bauern musste erst alles Gewohnte entgleiten, bevor er zu etwas Neuem Vertrauen fassen konnte. Viele Menschen glauben etwas leisten zu müssen, damit sie geliebt werden können. Das ist eine Einstellung, die aus Mangelgefühlen entsteht. Menschen, wie dein Bauer, haben einen Grund, warum sie trinken. Es ist dieser Grund, den sie durch Trinken zu vergessen suchen. Solche Gründe erinnern nicht an Liebe, Benjamin, sondern an Mangelgefühle, die Angst erzeugen. Doch Angst lässt sich nicht vergessen, wir können nur aus ihr erwachen! Auch er wird nun seinen Weg gehen, Schritt für Schritt, so dass er seine Veränderung selbst gut spüren kann. Du wolltest ihm helfen, weil er deine eigene Hilflosigkeit gespiegelt hat und bist zum Mittäter geworden. Ihr ward eine Leidensgemeinschaft. Du hast dich von einem Menschen, der keine Achtung vor dir, vor deiner Liebe und am wenigsten vor sich selbst hatte, ausnutzen lassen. Doch wenn du dich ausnutzen lässt, beleidigst du die Liebe in dir, weil du dein eigenes Glück damit zerstörst."

„Ja", antwortete Benjamin, „ja, das weiß ich mittlerweile sehr genau. In uns wirkt eine Kraft, die Liebe heißt, sie ist wie ein innerer Funke. Er kann überspringen und entflammen oder erlöschen. Jeder, der sich zum Bettvorleger macht, ermöglicht, dass man diesen Funken austritt. Er lässt sein Licht verlöschen statt sich dessen würdig zu erweisen, indem er Wärme gibt und für andere leuchtet. Wer sein Licht beschmutzen lässt, steht im Dunkel und bezahlt einen hohen Preis!"

Die Schwalbe hörte mit offenem Schnabel zu.

„Weißt du, Schwalbe, wenn ich innerlich warm bin, dann ist alles so einfach und leicht, als ob das Leben strahlt und mein Märchen gar kein Märchen ist. Aber wenn dann so ein Stier kommt, wenn ich Angst habe oder traurig bin, kann ich ganz schlecht laufen. Als ich Tashis Stimme zum ersten Mal gehört habe, hatte ich das Gefühl, als ob mein Herz singen würde, und als sie mir so liebevoll in die Augen sah, war mir, als ob wir beide in einem Lichtstrahl stünden. Als es mir schlecht ging und ich mich ganz verlassen fühlte, habe ich vergessen, dass mein Funke nur auf andere überspringen kann, wenn ich ihn selbst spüre – wenn ich durch ihn brenne. Aber das fällt mir sehr schwer, wenn niemand da ist, der mich lieb hat. Kennst du das auch, Schwalbe?"

„Ja, Benjamin, das kenne ich auch. Liebe, die unsere Flämmchen entfacht, füllt unsere Herzen mit Freude und löst die Zungen der leisen Stimmchen, so dass wir nur noch lauschen müssen, sensibel und aufnahmebereit. Dann können wir tanzen, große Taten vollbringen oder wir dösen und lassen uns berieseln, weil wir vertrauen können, so wie du es noch kannst. Weißt du, es gibt immer wieder Gelegenheiten und Augenblicke, die unsere Flämmchen entfachen, damit sie nicht ausgehen. Es sind diese wundervollen Augenblicke, die uns an Liebe erinnern. Manchmal passiert es in einem Rapsfeld und manchmal in den Augen eines anderen.

Wenn wir mit anderen die Freude unserer Herzen teilen, dann können die Flüsterstimmchen sich gegenseitig hören. Ich wünsche dir viele leuchtende Rapsfelder, viele Augenblicke und viele Begegnungen, die dich an Liebe erinnern, weil Funken überspringen, die dich leuchten lassen."

Die Schwalbe saß nun auf Benjamins Schulter. Ganz leicht nur zupfte sie an seinem Fell, als sie sagte: „Mein lieber großer Benjamin, es ist die Kraft der freien Seelen, die alles so leuchtend macht, wenn sie sich berühren. Es sind diese geduldigen, wohlwollenden Eselseelen, die in ihren Berührungen die Wahrheiten noch erkennen, bevor sie zerdacht werden."

Benjamin war voll wortloser Liebe – ganz im Augenblick ruhend –, als er spürte, dass es diese Art von Begegnung war, die ein ganzes Leben verändern kann. Er fühlte sich so randvoll mit Wissen. In ihm war eine Fülle, die er nicht durch das Suchen nach Worten verringern wollte. Er brauchte es auch nicht, wusste er doch, dass es seine geliebte Schwalbe war, die den Funken, der auch ihn ausmachte, auf wunderbare Weise hatte überspringen lassen.

Seitdem Benjamin sich auf den Weg zu sich selbst gemacht hatte, konnte er immer deutlicher erkennen, was sein wahres Zuhause ausmachte. Es gab so vieles, was er geschenkt bekommen und nicht zu träumen gewagt hatte. Glücksmomente und Begegnungen, die ihn überrascht hatten, weil sie einem die Bedeutung von Leben näherbringen.

„Bitte sage mir deinen Namen, bevor du fortfliegst!"

„Was willst du mit meinem Namen?", wollte die Schwalbe wissen.

„Ich möchte dich beim Namen nennen, wenn mein Herz nach dir ruft. Es gibt so viele Schwalben. Jede von ihnen wird mich an dich erinnern. Aber mein Herz wird nur eine von ihnen auf diesem Stein sitzen sehen und die möchte ich beim Namen nennen, weil sie sich dadurch von allen anderen unterscheidet."

„Ich empfinde genauso, Benjamin. Mein Name ist Schila. Jetzt habe ich auch eine Bitte an dich."

„Welche denn?"

„Du musst glücklich werden, weil ich dich liebe. Erkenne die Menschen, die dich an Liebe erinnern und erzähle Tashi von uns. Lebe wohl, mein kleiner großer Benjamin."

„Lebe wohl, meine weise liebe Schila."

Benjamin sah Schila davonfliegen und wurde unendlich traurig. Er sah ihr hinterher, konnte den Blick nicht von ihr lösen. Sein Herz wollte sie halten, indem seine Augen ihr so lange folgten, bis sie als kleiner dunkler Punkt in den Wolken verschwand. Und wieder hatte Benjamin etwas gelernt. Er spürte den Schmerz des Abschieds in sich, ganz tief, und es tat furchtbar weh. Da wusste er, dass Schila ihn nicht nur an Liebe erinnert hatte, sondern auch an Verlust. Er wollte lernen, dass Liebe niemals verloren geht, weil sie aus sich selbst besteht. Wollte sie immer wieder im *Dazwischen* erfahren, um sich ihrer zu erinnern und sie weitergeben zu können. Wie von selbst verstand er nun, was Schila meinte, als sie gesagt hatte: „Liebe ist das, was uns an Liebe erinnert. Angst ist das, was sie vergessen macht." Benjamins Angst vor dem Verlust der Liebe durch Schilas Abschied, war die Angst, die ihn an Verlust erinnerte. Er wusste, dass Liebe Gegenwart ist, weil sie nur in ihr gelebt und die Vergangenheit nur aus ihr heraus definiert werden kann. Die Vergangenheit, die durch jede neue Erinnerungsbetrachtung umgestaltet wird, hatte tausend Lichter, die hinter allem Leid für Benjamin geleuchtet haben.

Die Freiheit des Menschen liegt nicht darin, dass er tun kann, was er will, sondern dass er nicht tun muss, was er nicht will.
J.J. Rousseau

Aus dem Vollen schöpfen – überlaufen ...

Benjamin stand allein in luftiger Höhe; er dachte an seine Eltern. ‚Vielleicht hatten sie nur ihren inneren Kompass verloren; jeder von ihnen auf seine eigene Art. Wer seinen eigenen Nordpol nicht kennt, der kann auch nicht wissen, ob die eingeschlagene Richtung für ihn die richtige ist', dachte Benjamin und genoss noch einmal den wunderbaren Weitblick, bevor er sich auf den Weg zum Gipfel machte. Die Sonne war bereits auf dem Weg gen Süden, als er dastand und döste – wundervoll döste.

Die Sonne stieg höher und brannte jetzt auf Benjamins Fell. Der Weg wollte nicht enden, seine Beine schmerzten, obwohl er ja eigentlich solche Strapazen gewohnt sein musste. Er spürte den Schmerz und spürte ihn doch nicht. Da war so viel Seligkeit in ihm, so viel Offenheit, so viel Frieden. Er war als Esel zur Menschlichkeit geboren, mit einem eigenen Willen in einem verbindenden Geist. Nichts hatte sich verändert, weil er ohne Tashi gegangen war, alles hatte sich gewandelt, seit er nicht mehr in sich selbst gefangen war. Sein Alleingang war zum Weg der Verbundenheit geworden. Die ersten Wildgänse flogen hoch oben kreischend ihre Bahn und Benjamin wusste, dass auch sie ihren Kreis wieder schließen würden.

Meine Güte, war er durstig. Die Zunge hing ihm nun fast aus dem Hals. Benjamin japste nach Luft und nach etwas zu Trinken, als er das Rauschen von Wasser vernahm. Er war tatsächlich an seinem Ziel ganz allein und doch nicht allein angekommen. Völlig erschöpft, doch grenzenlos frei, ruhte er sich aus, als er etwas zu sehen bekam, was er Schöneres niemals gesehen hatte. Er befand sich im Sog eines faszinierenden Bildes, das sich vor seinen Augen auftat.

Benjamin war über den Grat eines Bergkammes gestiegen, als er auf der anderen Seite einer vor ihm liegenden Schlucht, frisches Gebirgswasser aus einem Brunnen sprudeln sah, das am Berghang befestigte Tröge füllte und auf diesem Wege hinunter ins Tal floss.

Dieser Anblick verzauberte ihn. Wie von einem inneren Licht durchflutet, saß er auf dem Gipfel und schaute zur anderen Seite der Schlucht. Er befand sich im Sog dieses Wasserspieles, wusste, dass er seiner Erschöpfung nichts Schöneres entgegenhalten konnte als dieses friedliche Bild.

Benjamin saß selig auf dem Gipfel seines langen Weges, als er beim Anblick dieses Wasserspieles erkannte, was es bedeutet, aus innerer Fülle überzulaufen.

Das Wasserspiel bestand aus drei ausgehöhlten Baumstämmen, die untereinander am Berg befestigt waren und dem Bergquell als Trogbrunnen dienten. So ergoss sich das Wasser, wenn es den oberen Trog so weit gefüllt hatte, dass er überlaufen konnte, in den jeweils darunterliegenden, bis es die Hochalm erreichte, auf der Tashi lebte. Doch dann bemerkte Benjamin, dass der oberste Trog anders war als die darunter liegenden.

Er hatte an seiner tiefsten Stelle ein Loch. Er füllte zwar die anderen Tröge mit dem kostbaren Wasser, doch selbst ging er leer aus.

Ein innerer Film schien Blitzlichter in Benjamin auszulösen. Die Zeit tiefster Seelenqualen, von denen er geglaubt hatte, dass er sie hinter sich gelassen hatte, stieg unversehens in ihm auf. Saugender, brennender Schmerz zog sich in seinem Herzen zusammen, als er erkannte, dass er selbst so lange der oberste Trog gewesen war und diesen langen Weg auf sich nehmen musste, um sich selbst wieder spüren zu können.

Irgendwann löste sich Benjamins Starre; seine Stimmung schlug um. Nachdem der Schmerz gewichen war, wurde er nun unsagbar traurig, als ob alle Verletzungen der vergangenen Jahre nur auf diesen Augenblick gewartet hätten, um aufzubrechen. Und aus seinen müden Augen flossen Tränen der Einsamkeit, die niemand sah und die niemand hätte aufhalten können, so als ob die ganze Traurigkeit für immer aus ihm herausfließen wollte. Da saß er nun, der so erwachsen gewordene Benjamin. Er war auf dem Gipfel seines Weges angekommen und weinte bitterlich.

Er konnte weinen, endlich konnte er weinen mit salzigen Tränen. Und die Wachstumstropfen der Seele, wie Schila sie genannt hatte, zauberten aus Tränen der Trauer Tränen der Befreiung und Seligkeit. Dieser – sein Weg, hatte ihm gezeigt, dass hinter allem Leid eine Geschichte stand, in der die Selbstliebe entwertet und der Hunger nach Liebe genährt wurde.

Benjamin saß ungetröstet, ganz allein, doch von einer inneren Stille selig erfüllt, im Sog dieses Bildes. Es war sein Bild der Liebe. Das, was er für ein Märchen gehalten hatte, war sein eigenes Leben geworden und was er sich zu leben gewagt hatte, ließ ihn nun sich selbst wiedererkennen.

‚Wer sein Märchen nicht lebt, kann sich auch in keiner Geschichte wiederfinden', dachte Benjamin.

Es war an einem sonnigen Herbstnachmittag, als er sich von dem Gipfel seines Weges aufmachte, um glücklich zu sein. Die Sonne wärmte ihn seitlich, als ihr helles Licht ihm seinen Schatten zu Füßen legte. Benjamin blieb stehen und betrachtete ihn sehr zärtlich. Deutlich erkannte er seine wahre Gestalt, konnte sehen, was er lange verdrängt, welche Rolle er gespielt und was ihn immer ausgemacht hatte. Nie wieder wollte er seinen Glauben verleugnen, sich nie wieder so sehr verlieren, sich so belügen, sich so verletzen lassen, sich so wenig selbst lieben. Aufrecht stehend sah er sich in seinem Schatten, aufrecht stand er zu sich selbst, aufrecht konnte er Tashi begegnen, aufrichtig würde er lieben können.

Er überwand die Schlucht und trank von dem frischen Bergquell, als seine innere Stimme ihm von dem Wasser des Lebens erzählte. Das Wasser, das alle Energie des Lebens beinhaltet und das jeden von uns vor dem Austrocknen bewahrt. Das also hatte Schila gemeint, als sie ihm von dem Wasser erzählte, das er finden würde. Benjamin hatte Frieden mit dem Bauern und mit sich, war bei sich selbst angekommen, war in sich selbst zu Hause. Es war Liebe, innen wie außen. Er hatte verstanden, dass der Bauer krank geworden war, weil er seinen Weg nicht zu gehen, sein Märchen nicht zu leben wagte, sich an einem Leben, das nicht seins war, verloren hatte. Benjamin konnte mit dem Bauern fühlen, statt mit ihm zu leiden. Er hoffte, dass er so gute Freunde finden würde, wie Benjamin sie gefunden hatte, hoffte, dass der Bauer richtige Hilfe annehmen konnte, um sein Leben zu ändern. Dann brach er einen Stock und stopfte damit das Loch des obersten Troges.

Nun würde nichts mehr so sein wie es einmal war.

„Du sollst nicht so leerlaufen, wie ich es tat, nur um die Anderen zu füllen. Du sollst ab heute überlaufen, denn wer selbst immer leerläuft, kann das tiefe Wasser in sich nicht fühlen, der darf sich nicht wundern, wenn er austrocknet", sagte Benjamin zu dem Trog, doch er sagte es wohl mehr zu sich selbst.

Es geschah an einem sonnigen Herbstnachmittag, als ein aus sich heraus gewachsener Esel seine Suche beendet hatte, die Suche nach etwas, das er nun kannte und von dem er wusste, dass er es niemals verloren hatte.

Er war erfüllt von Liebe.

Benjamin verstand, was Tashi ihm mit diesem Alleingang hatte zeigen wollen und wusste, dass er in Zukunft gemeinsam mit ihr das tiefe Wasser würde spüren können. Er ging ausgeweint und von tiefem Glücksgefühl erfüllt, seinem Schatten voraus, zurück zu Tashi, als er an jenem Nachmittag mit ansehen konnte, dass der oberste Trog voll geworden war und für die Anderen nun überlaufen konnte.

*Und wenn er genug gelaufen war
und des Denkens müde geworden,
dann döste Benjamin;
ach, er döste so gerne ...*

> *Die echte Freiheit ist nicht eine Freiheit von etwas, sondern eine Freiheit zu etwas.*
> J.H. Pestalozzi

Nachwort

Wenn Sie die vorhergehende Geschichte gelesen haben, einen Angehörigen kennen, selbst Angehöriger sind oder waren, oder ein Mensch, der Gefahr läuft, sich in einer Sucht zu verfangen oder sie sogar überwunden hat, dann werden Sie wissen, von welch großer Tragweite eigene Wege sind. Wir müssen nicht in die Berge gehen, um zu erfahren, welch gutes Gefühl sich in uns breit macht, wenn es in unserem Leben bergauf geht. Wir müssen nicht zum Esel werden, um festzustellen, dass Packesel ihrer Freiheit beraubt werden, wie wichtig es ist, eine eigene Stimme zu haben und wie heilsam es sein kann zu dösen.

Es geht nicht um die Frage, ob es moralisch vertretbar ist, einen alkoholkranken Menschen zu verlassen, diese Frage kann und darf nicht pauschal beantwortet werden. Angehörige von suchtkranken Menschen zerbrechen häufig an dieser Frage, wenn geliebte Menschen suchtkrank werden und sich nicht helfen lassen wollen. Es sollte um sinnvolles und nachhaltiges Helfen gehen und nicht um moralische Bewertungen, damit nicht ganze Familien als Leidensgemeinschaften bergab gehen und niemandem dadurch geholfen wird.

„Die Liebe ist ein Kind der Freiheit"[4], durch die wir den Unterschied zwischen dem erkennen, was wir tun müssen, weil es für uns selbst notwendig und wichtig ist, und dem, was wir tun müssen, weil es von uns erwartet wird. Doch viele Menschen sind durch Unfreiheit geprägt worden. So suchen sie ihr Leben lang im Außen nach Liebe, die eine Sehnsucht stillen soll, die durch Andere nicht zu stillen ist. So manches Kind ist aus Liebe zu seinen Eltern nicht suchtkrank geworden, obwohl die eine oder andere Prägung das Potential dafür hergegeben hätte. Liebe ist ein aktiver Prozess; sie offenbart sich im Geben und findet in Freude ihre Erfüllung.

Alkoholkranke bzw. süchtige Menschen allgemein finden nur schwer den Absprung aus ihrem Siechtum, wenn sie einen Angehörigen haben, der alle Pflichten übernimmt. Suchtkranke Menschen lassen sich im zunehmenden Maße von ihren Angehörigen versorgen, je stärker ihre Sucht sie vereinnahmt. Das machen sie so lange, bis sie sich versorgen lassen müssen. Angehörige sind hier aufgefordert, eigene Ängste liebevoller wahrzunehmen. Daran mangelt es ihnen in der Regel genauso sehr wie dem Suchtkranken. Leidensgemeinschaften machen nicht die Liebe erfahrbar, die benötigt wird, um stark zu werden, sondern dienen eher der Flucht in die Sucht.

Am Beispiel „Licht" möchte ich die im Buch verwendeten Begriffe Fülle, Mangel, Selbstliebe, Prägung (Sozialisation) etc. symbolisch verbildlichen.

---

[4] altfranzösisches Sprichwort

Trifft weißes Licht auf ein Prisma, werden die verschiedenen Wellenlängen unterschiedlich stark gebrochen. Dadurch stellt es sich in seinen verschiedenen Farben dar.

Wenn wir uns nun die Seele, Psyche, Geist, Gemüt, je nachdem, wie Sie es benennen mögen, als weißes Licht vorstellen, das durch den Eintritt ins Leben gebrochen wird und uns als kleiner Mensch, durch die Geburt, all seine Farben anvertraut, dann könnten wir sagen – es ist das Licht der Welt. Wenn wir unsere Kinder in ihrem Buntsein so lieben, wie sie sind, werden wir durch sie wieder Farben in Facetten erkennen, die wir im Laufe unseres Lebens nur noch schwarz-weiß betrachtet haben. Hier könnte der Bibelspruch – *Auge um Auge, Zahn um Zahn*[5] – greifen, statt ihn unter dem Aspekt von Strafe, Vergeltung oder Gewalt zu definieren. Dann werden wir unsere Kinder nicht zu vergolden, sondern zu veredeln suchen. Kinder, mit ihren feinen Antennen, haben viel Verständnis für Fehler, aber was sie verletzt, ist Lieblosigkeit. Sie wissen nicht um ihre eigene Farbvielfalt, erkennen sich über das, was sie in unseren Augen gespiegelt bekommen, definieren sich über die Farben, die wir ihnen reflektieren. Doch weißes Licht, das sich zu spiegeln sucht und nicht in seiner vollen Schönheit gesehen wird, wird im Schatten seiner selbst nach Lichtern der Gesellschaft suchen.

So wird zur Sucht, was zunehmend konsumiert werden muss, um die Angst vor der Angst immer wieder vergessen zu machen. Solange, bis erkannt wird, dass

---

[5] Altes Testament (2. Mose 21, 24; 3. Mose 24, 20)

da etwas in uns ist, das die Angst entlarvt und sie von der Vorsicht zu unterscheiden weiß.

Es ist wunderbar, dass wir in einer Zeit leben, in der wir so viele Möglichkeiten nutzen können. Doch die Konsumgesellschaft, deren Überfluss nichts mit dem eigenen Überlaufen zu tun hat, darf uns, mit all ihren Chancen, nicht dazu verleiten, unser inneres Licht zu ertränken. Das Licht, das uns für etwas brennen lassen kann und Funken auf unsere Mitmenschen überspringen lässt.

Sucht wird in Leistungs- und Konsumgesellschaften immer noch vorrangig unter dem Aspekt der Verfügbarkeit eingestuft. Erst wenn ein Mensch seinen gesellschaftlichen Verpflichtungen nicht mehr ausreichend nachkommt – er also seine Rente frühzeitig beantragen müsste oder anderweitig Kosten verursachen könnte – werden diesbezügliche Hilfsmaßnahmen eingeleitet. Süchtige Menschen müssen ebenso wie ihre Angehörigen lernen, ihre volle Farbvielfalt zu erkennen. Während das Gesunden von einer Sucht erstrangig mit dem Mut verbunden ist, sich helfen zu lassen, benötigt ein Angehöriger den Folgeschritt. Folgeschritte gehen den Weg über ein Echo, das die Kraft der eigenen Stimme verständlich macht, um jene Quelle zu erreichen, die uns mit Leben füllt.

Ein unglaublich trauriges Kapitel, das den Wert des Materialismus der Konsum- und Leistungsgesellschaft spiegelt, schlagen uns junge Menschen (und nicht nur junge Menschen) auf, die sich innerhalb kürzester Zeit ins Koma „saufen". In der Regel sind auch sie Angehörige, aber auf jeden Fall sind sie Opfer einer Wolfsgesellschaft[6], in der sie ihre Chancen nicht zu nutzen wussten, sich überfordert und alleingelassen, als Schaf unter Wölfen fühlen. Sie suchen unter ihresgleichen Nähe und Anerkennung. In dem Bewusstsein, dass allein gelassen wird, wer nicht mithalten kann, trinken sie vielleicht nicht aus einer Todessehnsucht heraus, aber sie nehmen den Tod in Kauf.

Es müssen nicht die aktuellen Medienrenner sein, die uns aufwecken sollten. Tausende von Menschen fürchten sich in einer Gesellschaft, die ihnen das Gefühl vermittelt: So wie ich bin, bin ich nicht gut genug. Täglich sitzen Kinder irgendwo im Geheimen, versammelt um eine Bong[7] oder womit sie auch immer versuchen, der Wirklichkeit zu entkommen.

Sie betäuben oder stimulieren sich mit Mitteln, deren Wirkung sie in der Regel gar nicht abschätzen können. Sie machen mit um dazuzugehören, ohne zu wissen, dass sie auch hier allein gelassen werden, wenn sie so wie sie sind für die anderen nicht gut genug sind. Manche von ihnen bleiben auf der Strecke und werden als Sinnbild der Gescheiterten abgetan oder bedauert.

Manche finden ihren Weg – den Weg aus der Sucht oder aus der Angehörigkeit, der im Grunde immer ein Weg aus Angst und Einsamkeit heraus zu sich selbst ist. Sich selbst zu spüren, bedeutet bei sich zu sein. Ei-

---

[6] Auernheimer, G., Interkulturelles Lernen, 1998, S.23
[7] Als Bong wird eine bestimmte Art von Wasserpfeife bezeichnet, die sich, meist junge Menschen häufig selbst konstruieren, um die Wirkung von Cannabis, aber auch anderer rauchbarer Drogen, zu erhöhen.

gene Gefühle erst deuten können, bevor sie bewertet werden. Wer seine innere Stimme versteht, wird erkennen, ob das Herz, der Verstand oder eine Prägung zu ihm spricht. Erinnerungen segnen, damit sie uns stark machen, für den Weg, den wir gehen wollen. Wir sind es, die sich die Erinnerungen aussuchen können. Doch meistens erinnern wir uns immer wieder an dasselbe.

Schöne Erinnerungen erfordern vielleicht, dass der heutige Tag als eine neue Chance erkannt wird und nicht als die Fortsetzung von gestern. Damit jeder Mensch seine eigene Geschichte schreibt, für die er gerne die Verantwortung übernimmt.

Erinnerungen zu schaffen, die der Verwirklichung unserer eigenen Schöpfung entsprechen, führen uns vielleicht schon heute dorthin, wo wir uns selbst morgen gerne begegnen möchten.

Und wenn Sie dort Benjamin begegnen – werden Sie wissen, dass er kein Esel ist.

Ich wünsche Ihnen alles Gute auf Ihrem Weg.
Leben Sie wohl!

Danksagung

Meinen Eltern, die mir nicht nur das Leben, sondern auch die Freude daran geschenkt haben.

Meiner Tochter Anja.

Meinem Sohn Sebastian, für die wunderbaren Gespräche und seine Gedanken zu Vor- und Nachwort.

Meinem Sohn Simon, für sein begeistertes Interesse an meiner Arbeit.

Die Nähe meiner Kinder hat mich sehr motiviert.

Viele Freunde und Kollegen haben mich unterstützt, für die ich große Zuneigung und Dankbarkeit empfinde.

Horst Weisenberger, der mir mit viel Liebe den Trogbrunnen gemalt hat.

Erwin Vartmann, der *Benjamin* in die Selbsthilfegruppen eingeführt und die ungewöhnliche Herangehensweise von Anfang an unterstützt und gefördert hat.

Dr. Günther Gediga – ein sehr wertvoller Freund, der mir immer Auftrieb gegeben hat, wenn ich nicht weiter wusste.

Prof. Birgit Dankert, die mir den Glauben an meine Arbeit zurückgegeben hat.

Gisela und Alexander Blume, für die erste Textüberprüfung, trotz ihrer knappen Freizeit.

Elisabeth Stege, für ihre Unterstützung und das Vertrauen durch die Freundeskreise.

Den vielen Klienten und Seminarteilnehmern, die mir ihre Geschichte anvertraut haben; ohne die ich dieses Buch niemals hätte schreiben können.

Mein besonderer Dank geht an Frau Sechtig und an das großartige Team des acabus Verlages, durch deren Arbeit und Inspiration ich mich sehr beschenkt fühle.

DANKE

Links im Internet

Es gibt gute Beratungsstellen und Selbsthilfegruppen, in denen Suchtkranken und/oder Angehörigen weitergeholfen wird. Scheuen Sie sich nicht, Hilfe in Anspruch zu nehmen. Manchmal müssen ungewöhnliche Schritte gegangen werden, um wieder in die eigene Spur zu kommen. Vorausgehend sind unsere Gedanken und Einstellungen.

Selbsthilfe: Die fünf größten Verbände

Freundeskreise für Suchtkrankenhilfe:
www.freundeskreise-sucht.de

Kreuzbund: www.kreuzbund.de

Anonyme Alkoholiker:
www.anonyme-alkoholiker.de

Guttempler in Deutschland: www.guttempler.de

Blaues Kreuz in Deutschland: www.blaues-kreuz.de

Deutsche Hauptstelle für Suchtfragen: www.dhs.de

Auf meiner Webseite können Sie Informationen bekommen oder Kontakt zu mir aufnehmen:
www.Angelika-Kaufmann.net

Bibliografie

Die Bibliographie beinhaltet jene Bücher, die angesprochene Themen vertiefen.

Hüther, Gerald und Hosang, Maik, Die Freiheit ist ein Kind der Liebe, Freiburg im Breisgau 2012

Goleman, Daniel, Emotionale Intelligenz, München 1995

Röhr, Heinz-Peter, Wege aus der Abhängigkeit, München 2003

Dold, Peter, Gewalt und Sucht in Familien, Freiburg 2001

Furmann, Ben, Es ist nie zu spät, eine glückliche Kindheit zu haben, Basel 1999

Hüther, Gerald, Damit das Denken Sinn bekommt, Freiburg 2008

Schneider, Ralf, Die Suchtfibel, Hohengehren 2001

Endres, Alfred, Dann hör doch einfach auf, Hamburg 2013

Schuller, Klaus, Akzeptierende Drogenarbeit, Freiburg 1990

Lipton, H. Bruce, Intelligente Zellen, Burgrain 2010

Erikson, Erik.H., Kindheit und Gesellschaft, Stuttgart 1974

Zajong, Arthur, Lichtfänger, Stuttgart 2008

Maturana, R.Humberto und Varela, J. Francisco, Der Baum der Erkenntnis, München 1987

Pöggeler, Franz, Erziehung für die eine Welt, Frankfurt 1990

Schnack, Dieter und Neutzling, Rainer, Kleine Helden in Not, Hamburg 1990

Satir, Virginia, Kommunikation Selbstwert-Kongruenz, Paderborn 1994

Buber, Martin, Das dialogische Prinzip, Gerlingen 1962

Nörretranders, Tor, Spüre die Welt, Hamburg 1992

Kapitalistische Wolfsgesellschaft – von Auernheimer, G. 1998, S.23

Die Autorin

Angelika Kaufmann, geboren und aufgewachsen in Essen, lebte in Koblenz und wohnt heute im Landkreis Osnabrück. Sie hat drei Kinder und zwei Enkelkinder.

Als Erziehungswissenschaftlerin und Soziologin ist sie im Gesundheits- und Bildungswesen tätig. Seit 2000 arbeitet sie schwerpunktmäßig mit suchtkranken Menschen, Angehörigen und Mitbetroffenen.

„Nicht nur in der Suchtberatung auch als Dozentin im Gesundheitswesen, in Erziehungs- oder Familienberatungen oder in den Seminaren – ständig stoße ich auf Sucht."

Ihre Botschaft: Ursache und Wirkung sind logisch; Opfer und Täter sind identisch; Liebe ist intelligent.

Weitere Sachbücher aus dem acabus Verlag

Cécile Koch
Wessen Moral?
Eine Autobiographie zum Thema: Erwachsene Kinder suchtkranker Eltern

ISBN: 978-3-941404-035-9
264 Seiten, EUR 21,00

Carmen Rauscher
Im Banne der Essstörung
Mein Weg zurück zum Leben

ISBN: 978-3-941404-83-0
150 Seiten, EUR 19,90

Alfred Endres
'Dann hör doch einfach auf…!'
Lebensgeschichte eines Alkoholikers

ISBN: 978-3-86282-207-2
168 Seiten
EUR 12,90

Unser gesamtes Verlagsprogramm
finden Sie unter:

www.acabus-verlag.de
http://de-de.facebook.com/acabusverlag